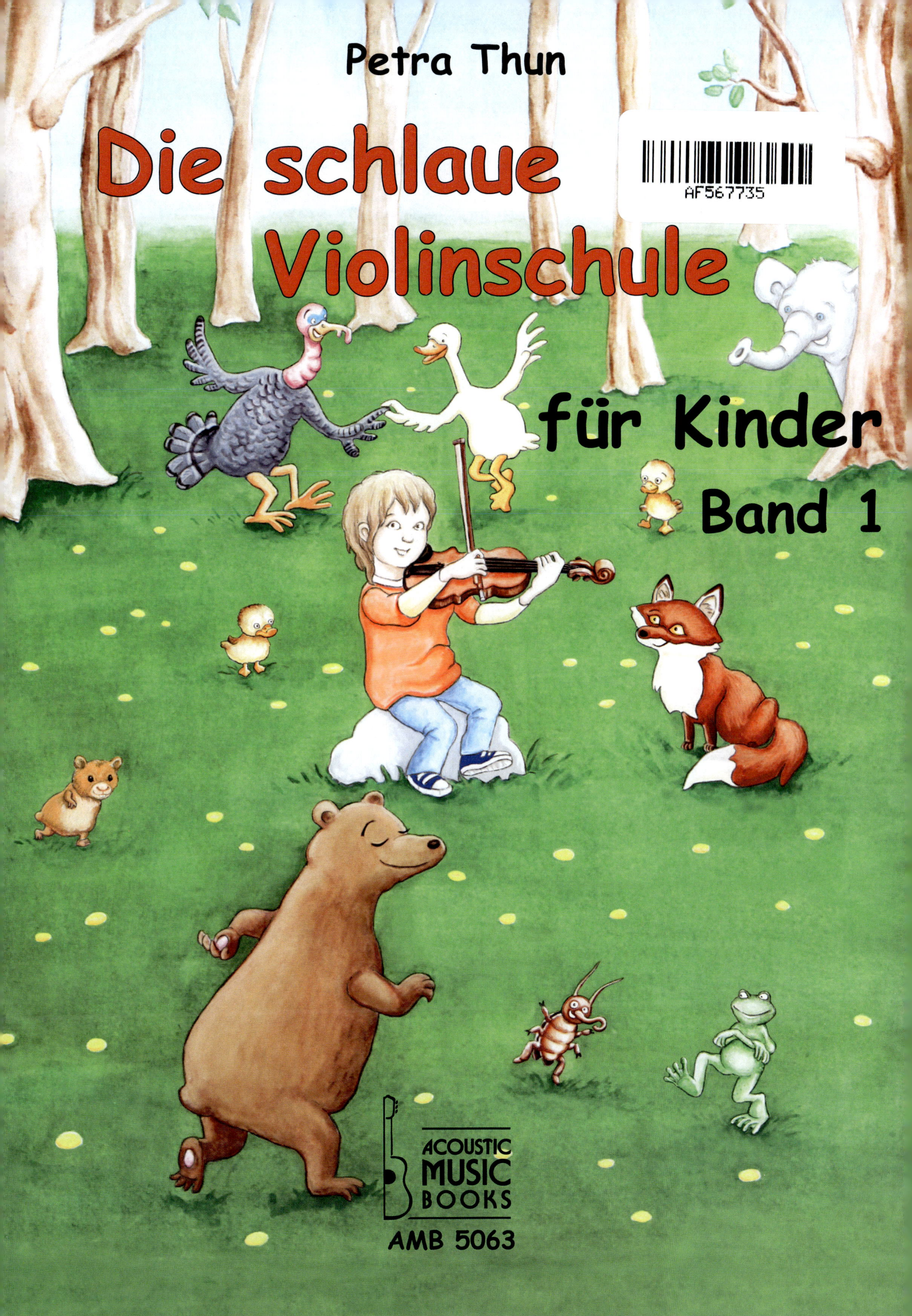
Petra Thun
Die schlaue Violinschule
für Kinder
Band 1
AF567735
ACOUSTIC MUSIC BOOKS
AMB 5063

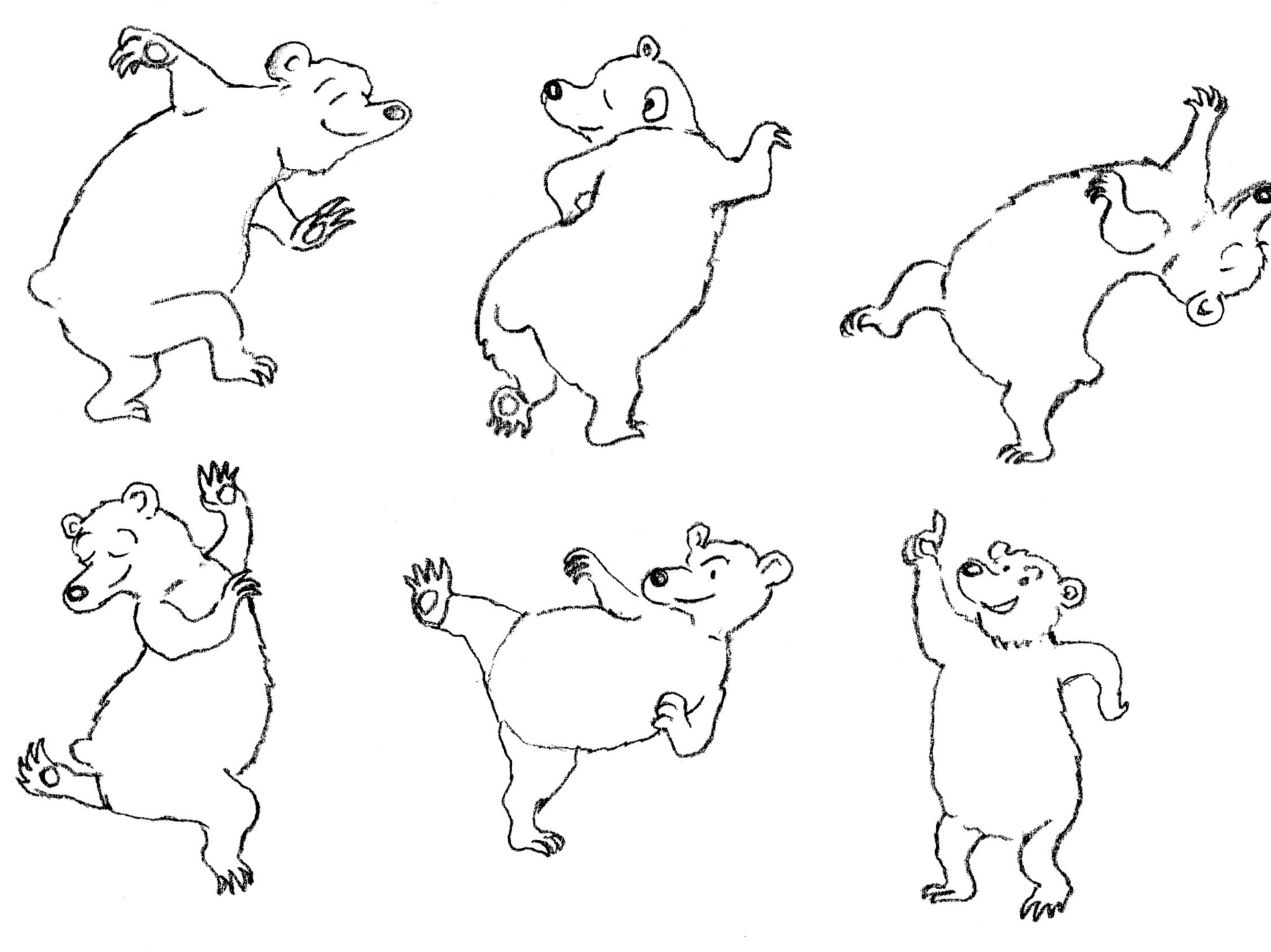

Impressum

Grafiken und Coverdesign: Anja Rheims
Fotos: Manfred Pollert
Notensatz, Layout, Lektorat und Produktion: Gerd Kratzat

Bestell-Nr. AMB 5063
ISBN 978-3-86947-563-9
ISMN 979-0-50247-563-5
www.acoustic-music-books.de

Liebe Geigenschülerin,
lieber Geigenschüler,

willkommen bei der »schlauen Violinschule«! Du hast dir ein ganz besonderes Instrument ausgesucht, das kunstvoll hergestellt wird. Es wird auf der ganzen Welt gespielt, einzeln und zusammen mit anderen Instrumenten. Und im Orchester spielen die Geigen eine besonders wichtige Rolle. Kennst du schon alle Teile deiner Violine? Weißt du, wie du dein Instrument und den Bogen halten mußt? Und bist du neugierig, wie deine Geige klingen kann?

Diese Schule hilft dir bei deiner musikalischen Entdeckungsreise. Sei schlau wie der Fuchs! Er wird dich durch dieses Buch begleiten, während du die ersten Melodien spielst.

Ich wünsche dir dabei viel Spaß und Erfolg!

Petra Thun

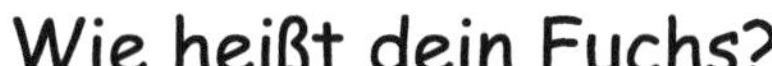

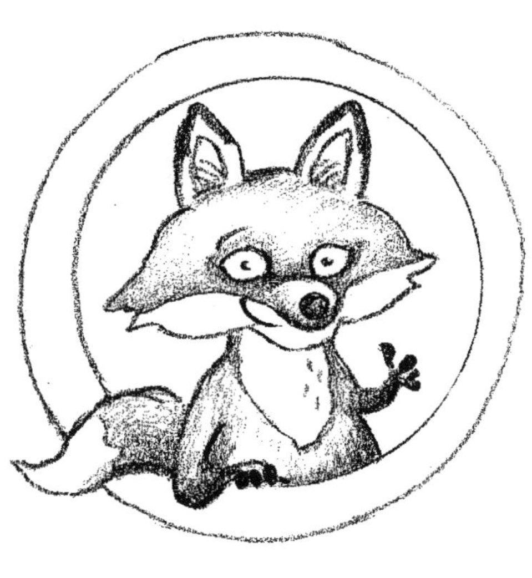

____

Hier kannst du Hörbeispiele zu einigen Stücken finden sowie Begleitstimmen, zu denen du spielen kannst:

https://petrathun.de/hoerbeispiele/

Vorwort

»Die schlaue Violinschule« habe ich in langjähriger Unterrichtstätigkeit für den musikpädagogischen Einzelunterricht mit Kindern und Jugendlichen im Alter von 4 bis 10 Jahren entwickelt. Aufgrund ihrer klaren Struktur eignet sie sich aber auch für den Gruppenunterricht und selbst noch für erwachsene Anfänger.

Viele Spielstücke werden von Bildern zum Ausmalen begleitet. Sie erschließen den Inhalt und laden vor allem die jüngeren Kinder dazu ein, das Buch farbig, mit persönlicher Note zu gestalten. Sie helfen aber auch beim Auffinden der Stücke. Ein kleiner, schlauer Fuchs begleitet das Kind und zeigt den Lernfortschritt an. Lehrer- bzw. Begleitstimmen stützen den Schüler und ermöglichen ein frühes Zusammenspiel.

Was ist das Besondere an dieser Violinschule?

Mit einem zeitgemäßen Konzept des mehrdimensionalen Lernens bildet diese Geigenschule die Grundlage für einen ganzheitlichen Unterricht, in dem alle Sinne gefordert und gefördert werden.

Im Gegensatz zu vielen anderen Schulen lernen die Kinder neben den klassischen Grundlagen nicht nach Griffarten, sondern gleich die Stammtöne ohne Vorzeichen, wie sie auch in den allgemeinbildenden Schulen gelehrt werden. Das heißt, die Töne der C-Dur-Tonleiter (die weißen Tasten auf dem Klavier). Dadurch trainieren die Schüler, genau zu hören und flexibel zu agieren. In der Praxis hat sich erwiesen, dass Kinder hierbei stärker am eigenen Lernprozess beteiligt werden und gute Grundlagen erwerben, auf denen sie bei Interesse aufbauen können.

Allen, die mit der »schlaue Violinschule« arbeiten, wünsche ich viel Freude und Erfolg!

Petra Thun

Didaktische Anmerkungen

Das vorliegende Lehrwerk gliedert sich in 8 Kapitel. Diese bauen aufeinander auf, sind aber thematisch in sich geschlossen. Daher müssen sie nicht zwingend in der vorgegebenen Reihenfolge bearbeitet werden. Die kreative Anwendung kann sich nach den Vorkenntnissen, Interessen und Begabungen der Kinder richten. Jede(r) Schüler(in) kann dabei sein/ihr eigenes Tempo finden.

Die Kapitel 1-5 behandeln die klassische Einführung der Geigenhaltung und des »Leere-Saiten-Spiels«, ab Kapitel 3 ergänzt durch die Notenschrift und Notenwerte.

Absichtlich beschränkt sich das anfängliche Spiel ausschließlich auf Viertelnoten und das Einhalten von Viertelpausen. Dadurch lernen die Schüler gleichmäßig zu spielen und ein Tempo zu halten. Vom gleichmäßigen Metrum erfolgt der Übergang zum Taktverständnis über das Nachempfinden tänzerischer Schwerpunkte und deren Umsetzung in artikulierten Betonungen.

Im Kapitel 3 folgen daraus die Bogeneinteilung und ihre Anwendung auf weitere Notenwerte. Hieraus ergibt sich dann wieder der musikalische Sinn für die Organisation des Bogenstriches (Auf- und Abstriche, Strichgeschwindigkeiten, Atem usw.). Striche und Fingersätze sind mit Absicht bis auf wenige Stellen nicht eingetragen. Dies kann von den Kindern selbst oder den Lehrern/Lehrerinnen erfolgen.

»Leere-Saiten-Stücke« begleiten bekannte Melodien, die vom Lehrer gespielt werden. Dadurch entsteht sofort ein Musikerlebnis und führt die Kinder zu rhythmischer Genauigkeit und fördert ihre geigerische Sicherheit.

Die Stücke fördern von Beginn an auch einen virtuosen und schwingenden Bogenstrich. Durch diesen motorischen Anreiz entfalten Kinder ihre Spielfreude und üben hierbei auch ihre Ausdrucks- und Konzentrationsfähigkeit.

Aufbau des Fingersatzes
Ab dem 6. Kapitel werden Saite für Saite die Fingersätze der Stammtöne aufgebaut und bildlich dargestellt. Jedes Greifmuster wird in den ersten 2-3 Spielstücken eingeführt und dann im zweiten Schritt in den folgenden Melodien mit neuen, kleinen technischen Anforderungen vertieft. Weil die Kinder schon fortgeschrittener sind, wenn sie die e-Saite erreichen, ist hier das Einstiegsniveau etwas höher.

Anspruchsvollere Spielstücke mit Saitenübergängen und Hinführung zu C-Dur
Ab dem 7. Kapitel erweitert sich der Tonumfang der Spielstücke, wodurch auch Saitenwechsel erforderlich werden. Zunehmende Herausforderungen sind Tonsprünge, Pausen und Achtelnoten, gebundene Töne oder Dynamik. Am Ende des Heftes wird die Tonart C-Dur mit Tonleiter und Liedern etabliert.

Eine Vertiefung und Erweiterung dieser Grundlagen erfolgt im zweiten Band, der in Vorbereitung ist. Er eignet sich auch für den Einstieg von Schülern, die bisher nach Griffarten gelernt haben. Die Tonarten C-Dur/a-Moll werden noch intensiver behandelt und weitere Tonarten daraus entwickelt. Techniken der oberen Unterstufe und der unteren Mittelstufe werden erarbeitet.

Inhaltsverzeichnis

Seite

Kapitel 1: Deine Geige - ihre Teile, die Haltung und Grundbegriffe

Deine Geige und ihre Teile

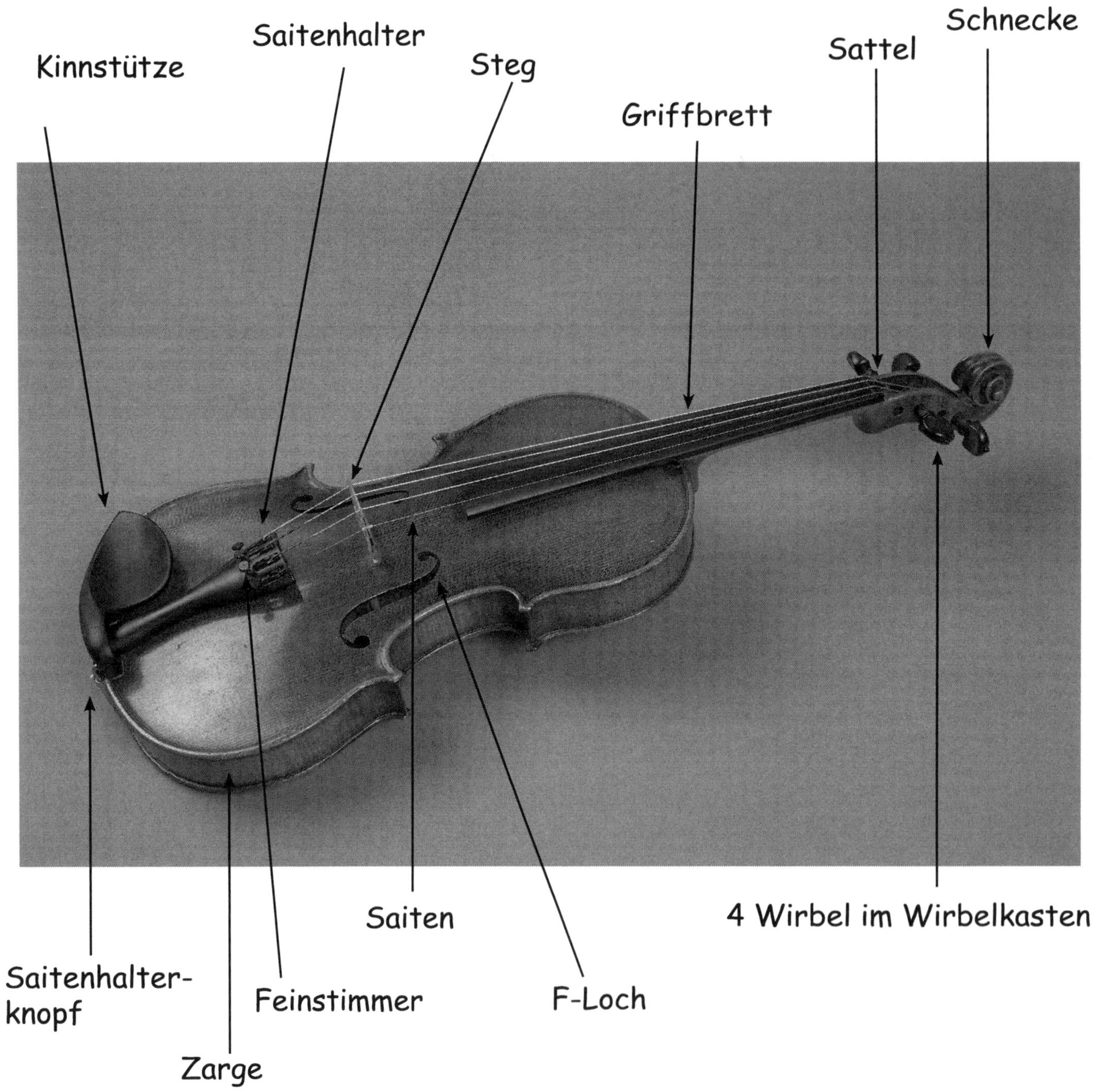

Kinnstütze

Saitenhalter

Steg

Griffbrett

Sattel

Schnecke

Saiten

4 Wirbel im Wirbelkasten

Saitenhalter-
knopf

Feinstimmer

F-Loch

Zarge

Kannst du Teile deiner Geige schon benennen?

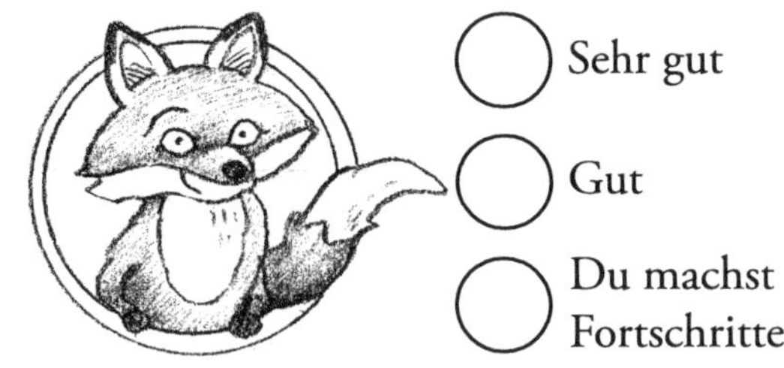

Die richtige Haltung der Geige

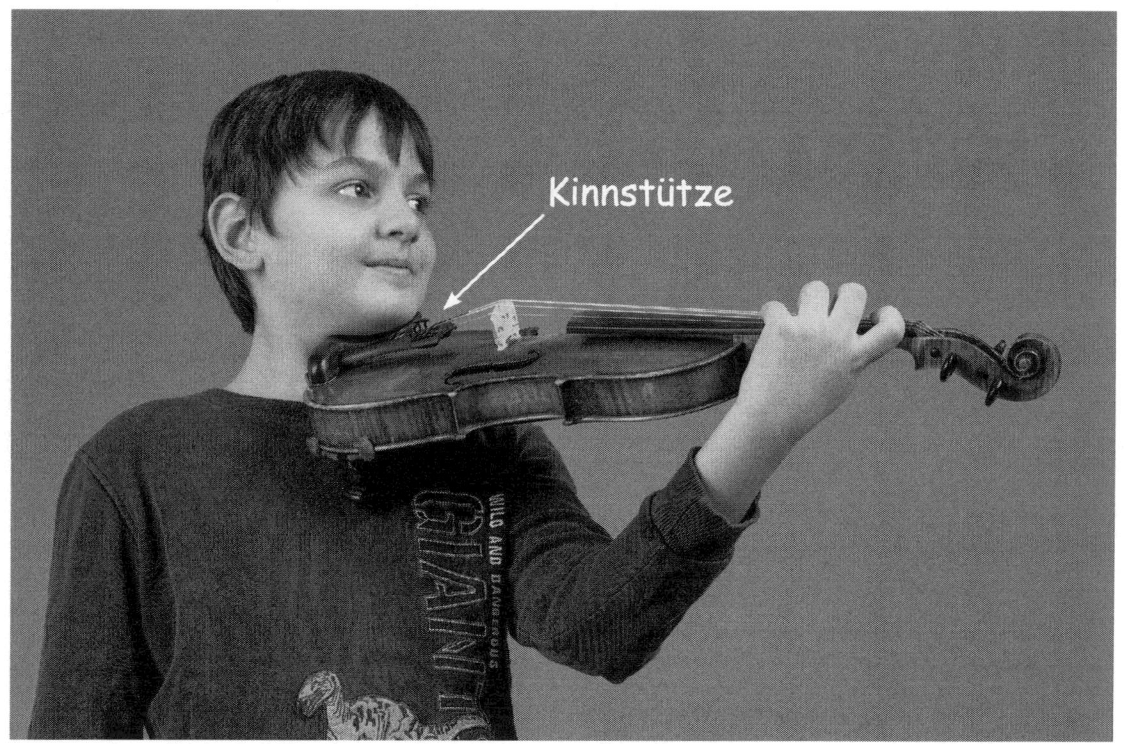

Hier siehst du, wie du dein Kinn richtig auf die Kinnstütze legst. Deine Geige wird nur durch das Gewicht deines Kopfes gehalten.

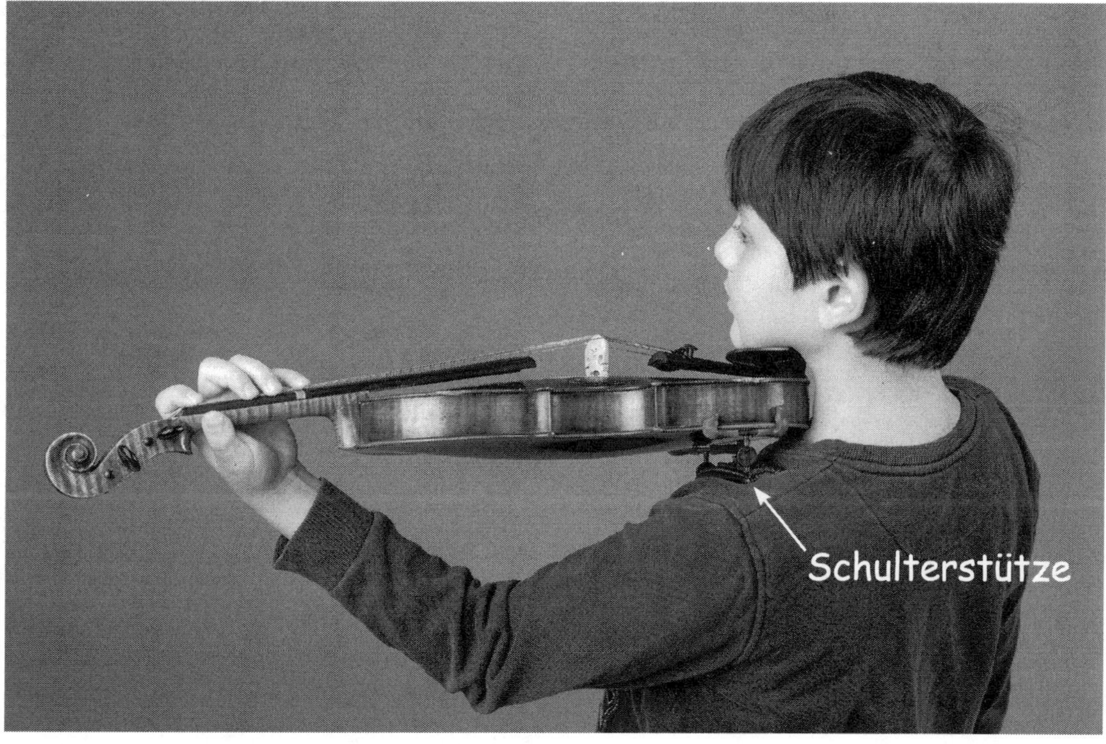

Von der andere Seite ist die Schulterstütze zu sehen. Sie hilft dir, die Geige waagerecht zu halten. So brauchst du weniger Kraft.

Das Zupfen

So zupfst du die Saiten an:

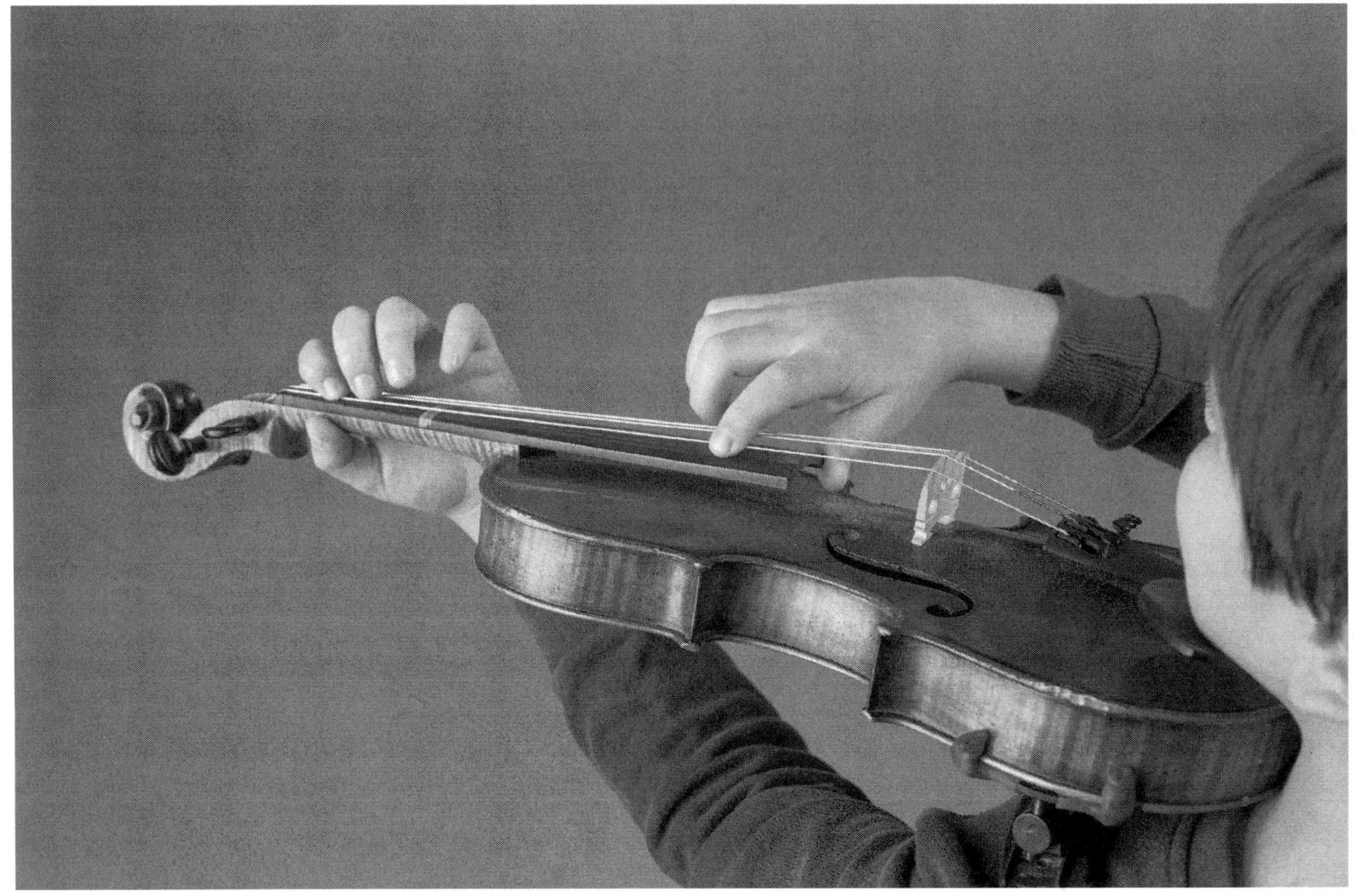

Beim Zupfen der Saiten stützt du deinen Daumen am Griffbrett ab.

Die Namen der Saiten

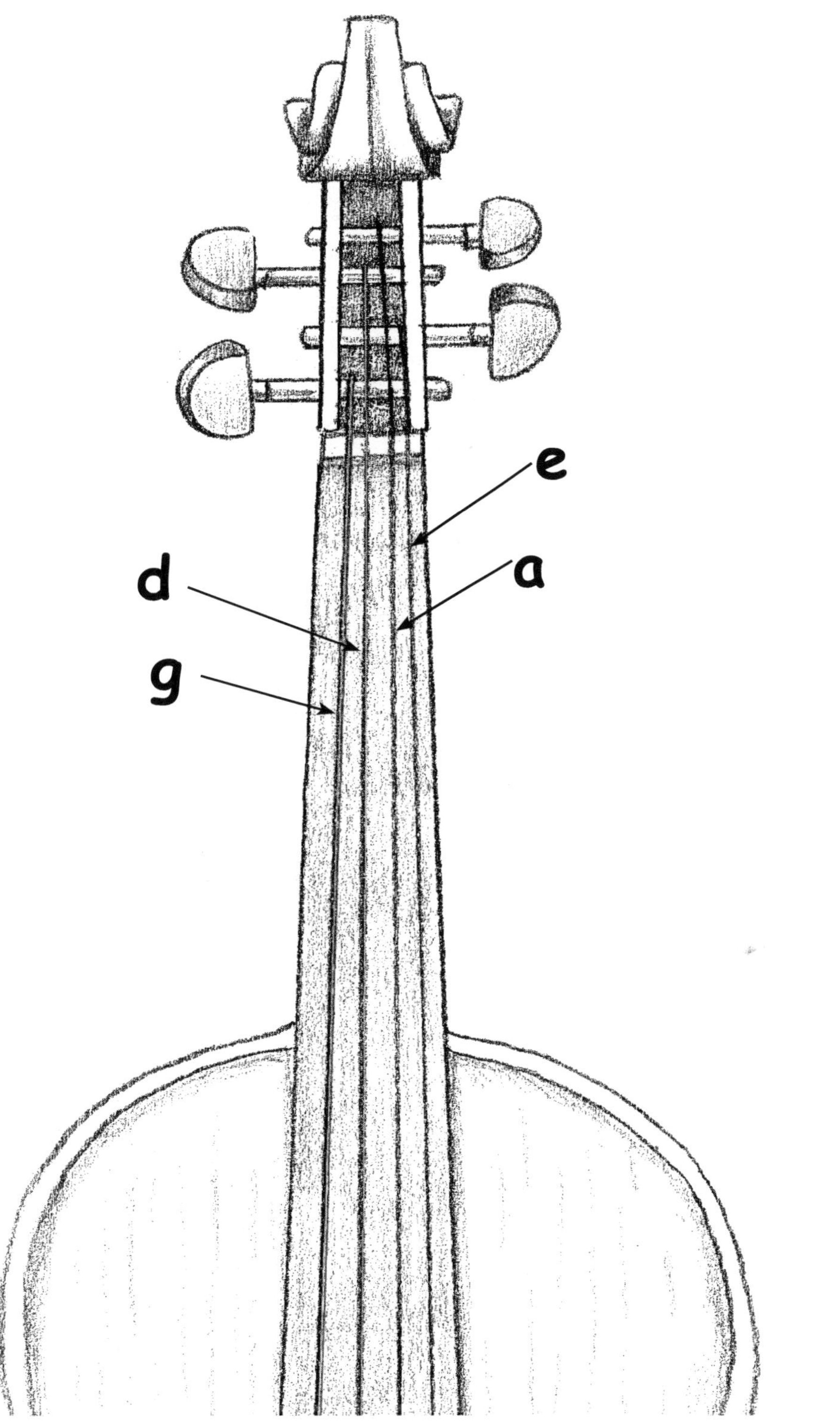

Die Saiten der Violine sind nach den Tönen benannt, in denen sie erklingen:

deutsch:	**international:**
e (höchste, dünnste Saite)	**mi**
a	**la**
d	**re**
g (tiefste, dickste Saite)	**sol**

Sehr gut

Gut

Du machst Fortschritte

Kapitel 2: Grundbegriffe zu Bogen und Bogenstrich

Dein Bogen und seine Teile

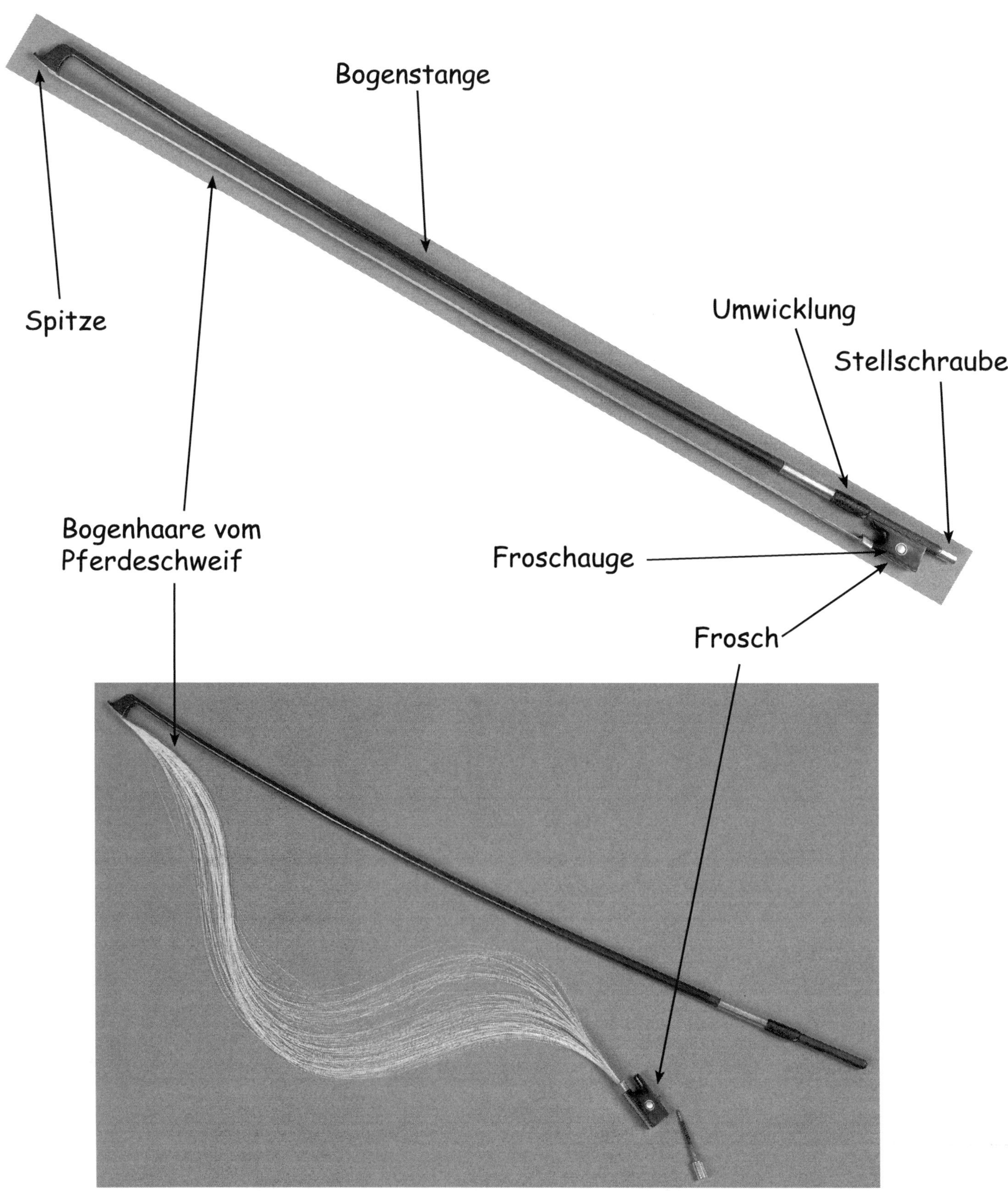

Die richtige Bogenhaltung

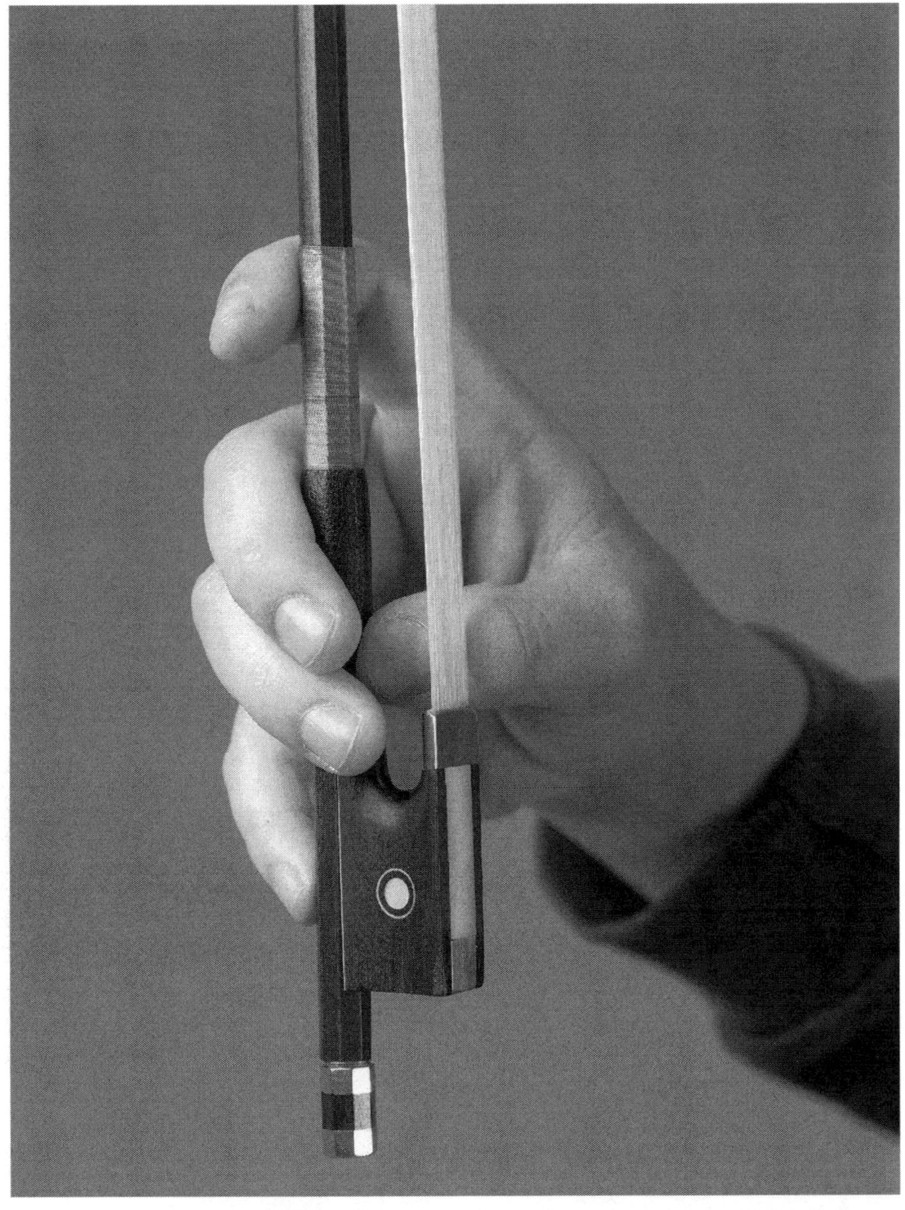

So ist es richtig:

- Dein Daumen liegt innen an der Naht-stelle vom Frosch zur Stange (Kerbe).

- Dein kleiner Finger stützt den Bogen.

- Dein Zeigefinger sitzt auf der Umwicklung.

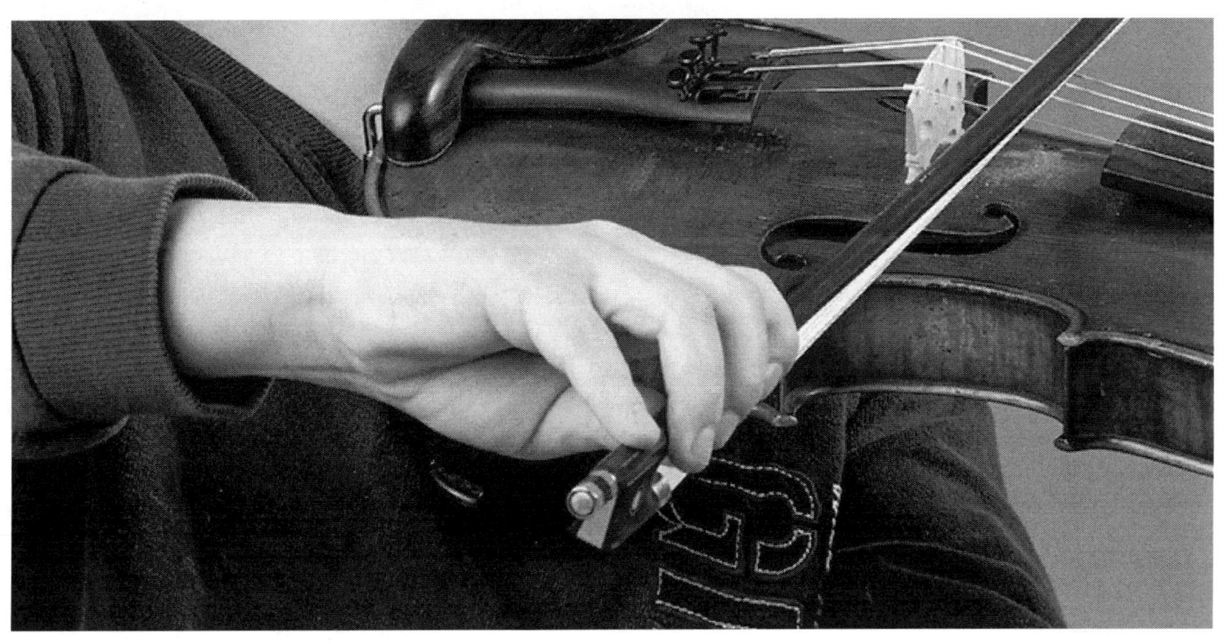

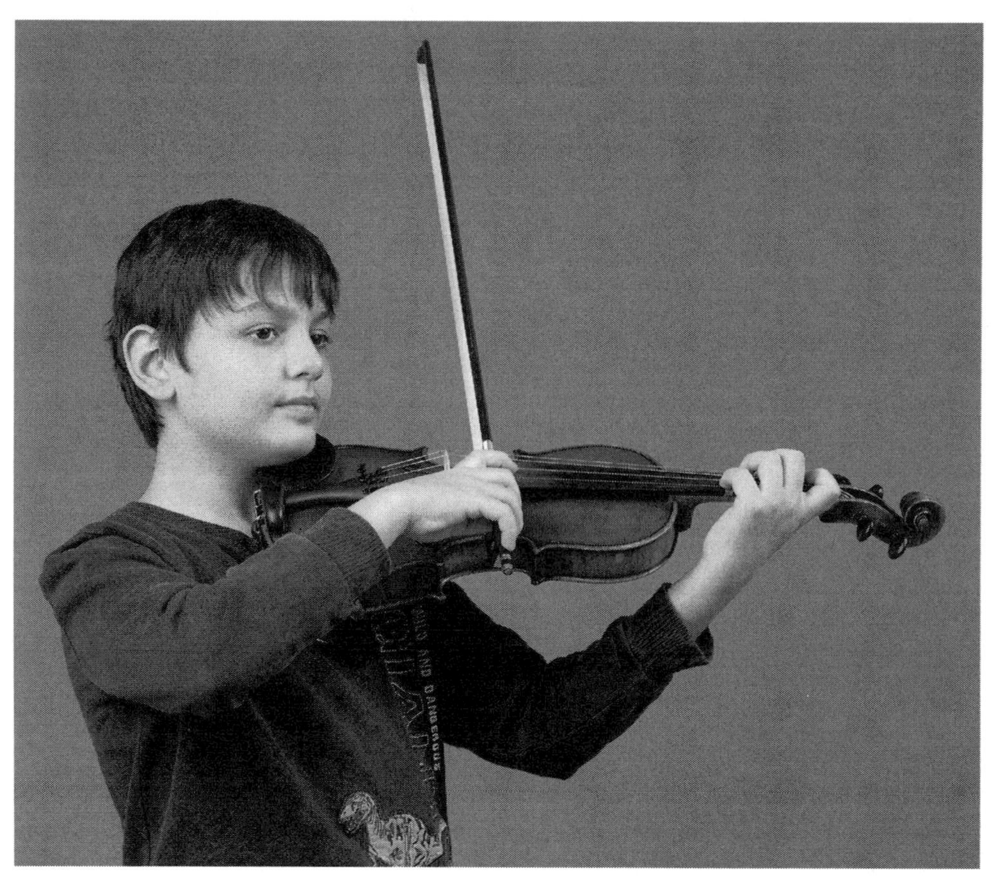

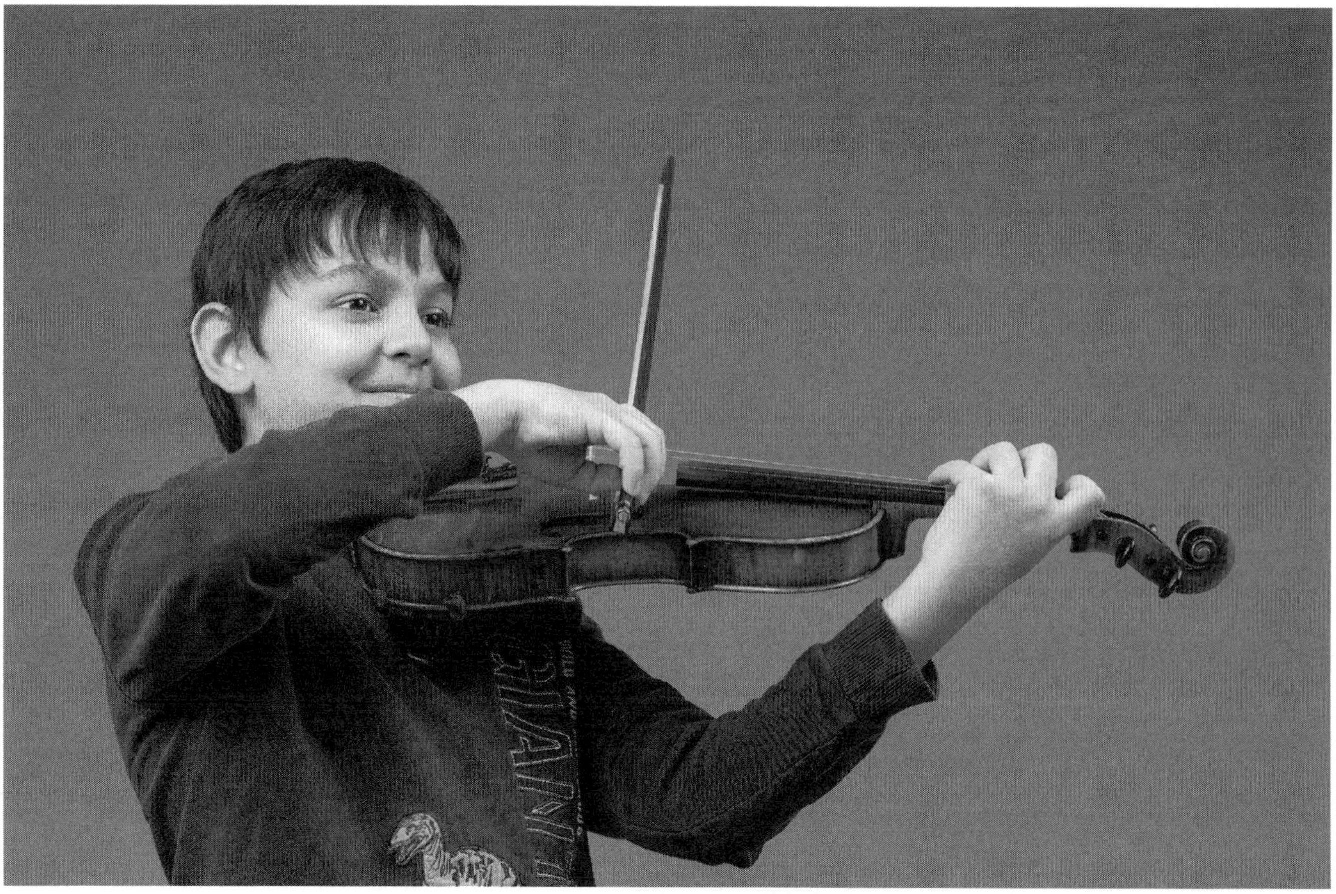

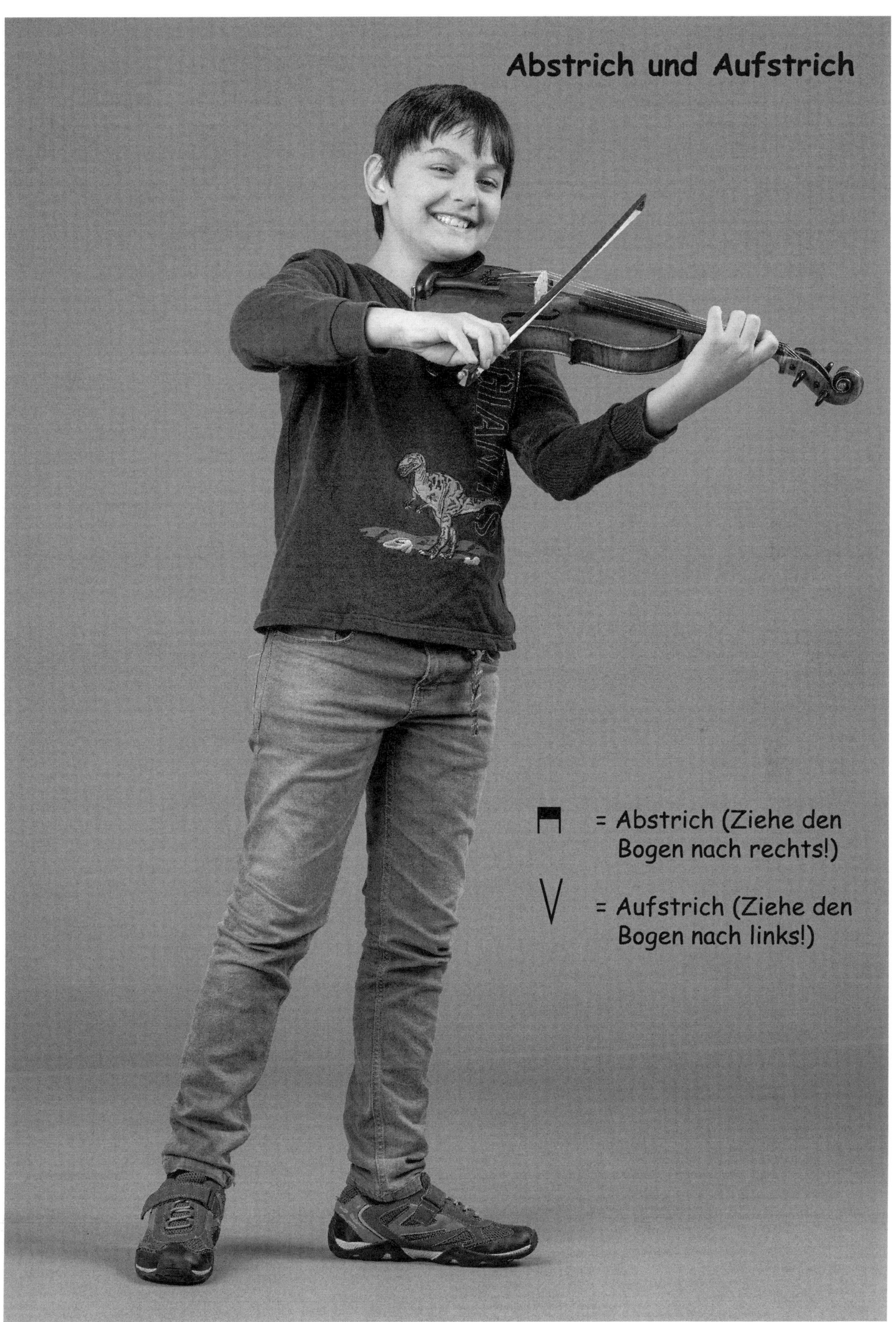
Abstrich und Aufstrich
= Abstrich (Ziehe den Bogen nach rechts!)
= Aufstrich (Ziehe den Bogen nach links!)

Kapitel 3: Die Notenschrift

Die Viertelnote

Welche Töne du auf der Geige spielen sollst, wird durch Noten angezeigt. Alle Noten haben einen Notenkopf und die meisten auch einen Hals.

Die Viertelpause

Wenn kein Ton erklingen soll, wird das in den Noten durch Pausen angezeigt. Die Notenpausen werden also gezählt, aber nicht gespielt.

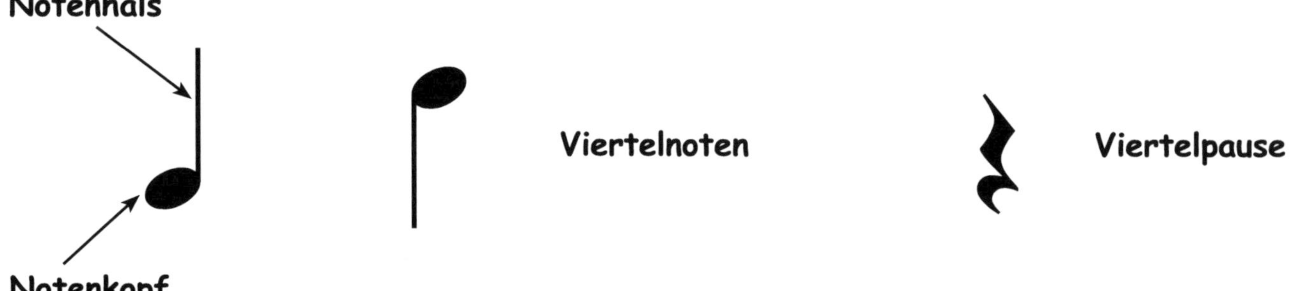

Die Viertelnote hat einen ausgemalten Notenkopf und einen Notenhals. Der Hals sitzt direkt am Rand des Kopfes. Man zeichnet den Hals entweder an der rechten Kopfseite nach oben oder an der linken nach unten. Die Dauer der Viertelnote ist ungefähr so lang wie ein **Pulsschlag**, ein Dirigierschlag oder einfach eine gezählte Eins.

Die Viertelpause dauert genauso lange wie eine Viertelnote.

Notenlinien

Damit man weiß, wie hoch oder wie tief ein Ton klingen soll, setzt man die Noten in ein Notensystem. Dieses besteht aus Linien.

Wie viele **Linien** gibt es hier? (Die Linien zählt man von unten nach oben.) Wie viele **Zwischenräume** gibt es?

Notenssytem mit Linien

Es gibt _____ Linien und _____ Zwischenräume.

Der Notenschlüssel (Violin- oder G-Schlüssel)

Am Beginn jedes Notensystems steht ein Notenschlüssel. Für die Geige brauchen wir den Violinschlüssel. Früher war er einmal der Buchstabe G, der kunstvoll verziert wurde. Darum wird er auch G-Schlüssel genannt. Kannst du das G im Schlüssel noch erkennen?
Übe selber, den G-Schlüssel zu schreiben!

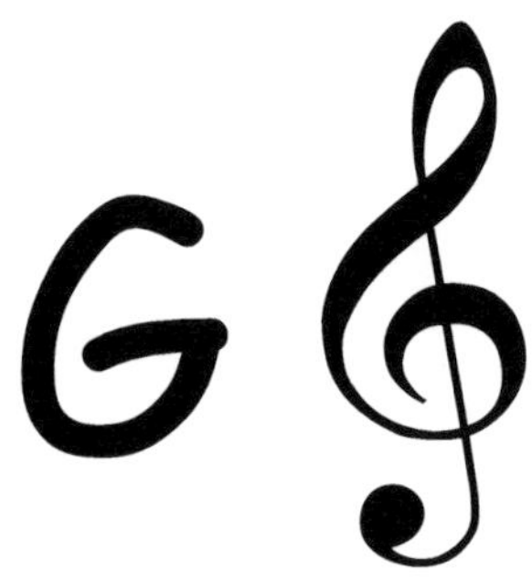

Es geht leichter, wenn du den G-Schlüssel gleich ins Notensystem setzt. Das G umkringelt die 2. Linie, nämlich die G-Linie.

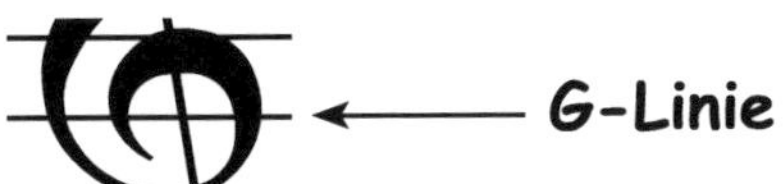

Fange in der Mitte des Schlüssels zu zeichnen an. Umkringele die 2. Linie, und dann malst du die Schleife im großen Bogen nach oben. Von dort geht es mit dem Bleistift steil nach unten und endet links mit dem Schlusspunkt. - Fertig!

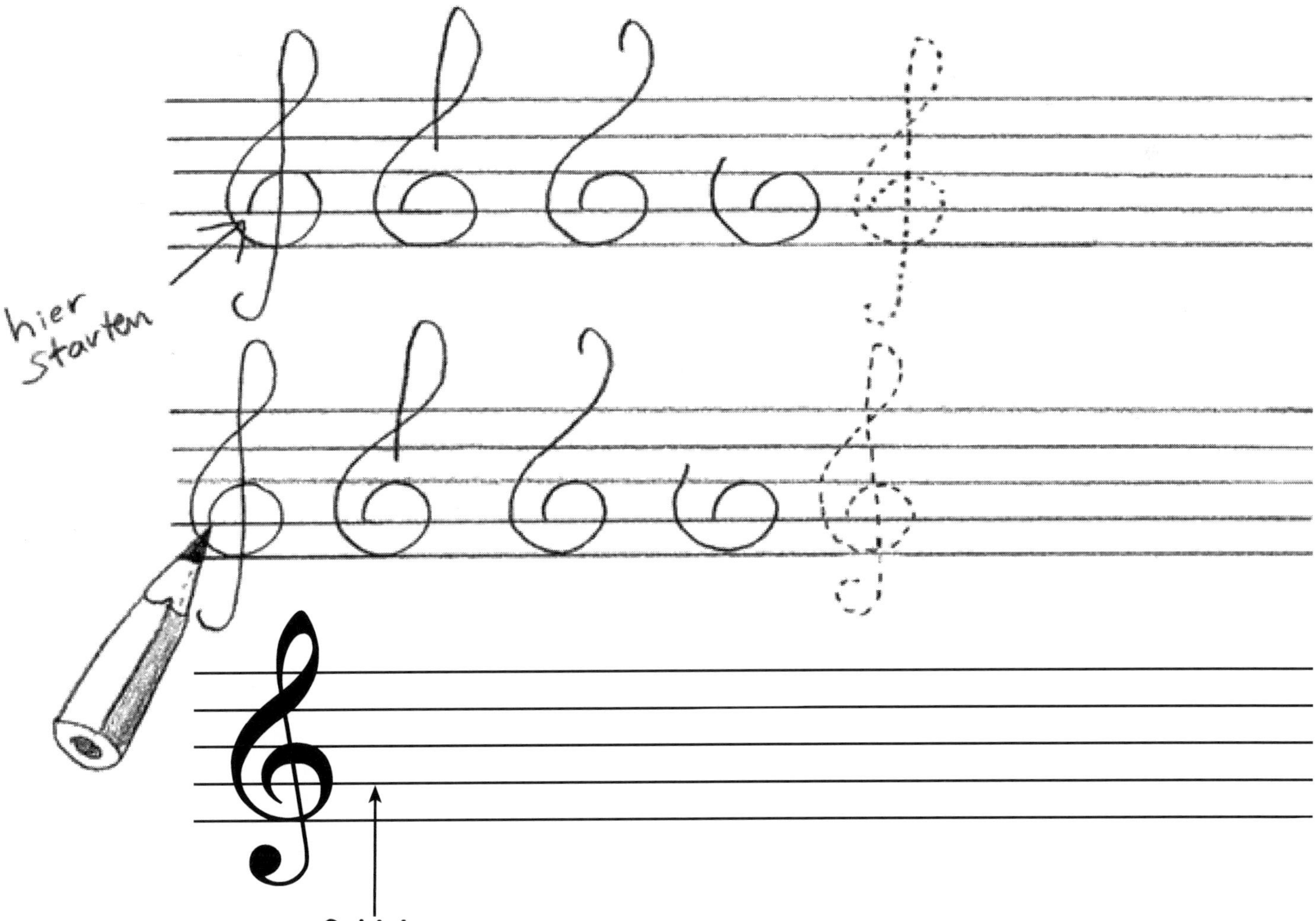

hier starten

G-Linie

Wo stehen die Noten?

Noten werden immer entweder genau auf eine Linie oder in einen Zwischenraum (zwischen den Linien) geschrieben. Ab der Mittellinie wechselt der Hals die Richtung.

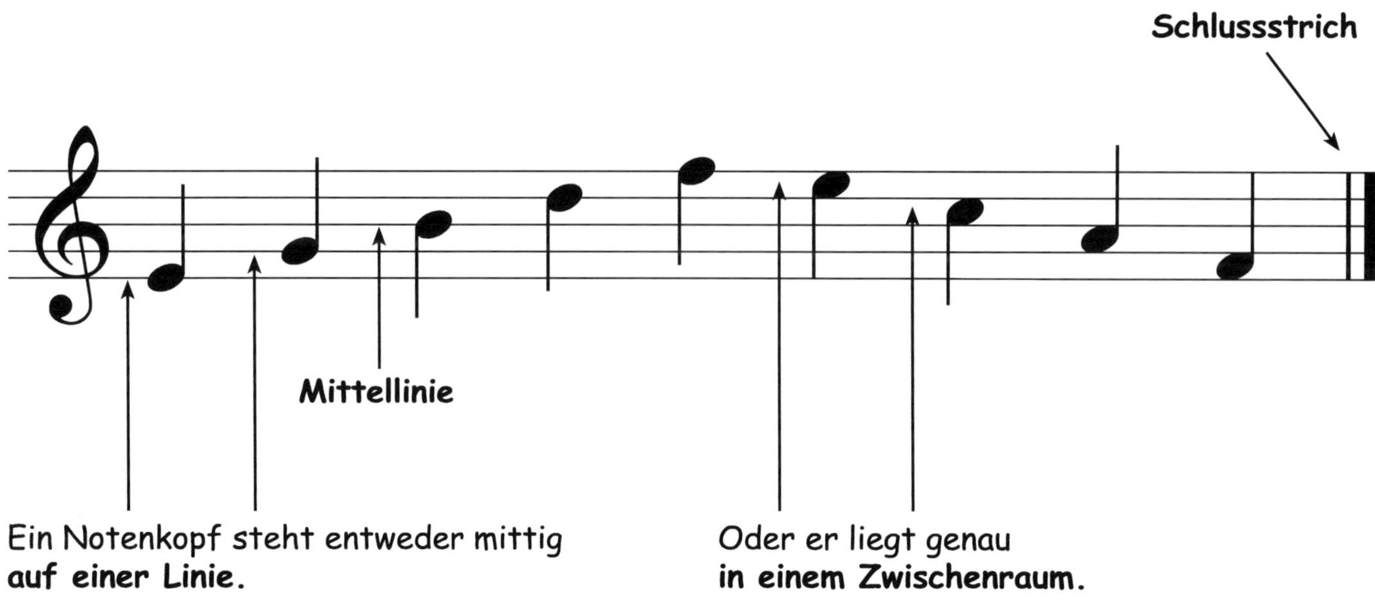

Schlussstrich

Das Ende eines Musikstückes wird durch eine Doppellinie gekennzeichnet. Die erste Linie ist dünn, die zweite dick.

Hilfslinien

Für noch tiefere oder höhere Töne verwendet man helfende Extralinien. Daher nennen sie sich Hilfslinien.

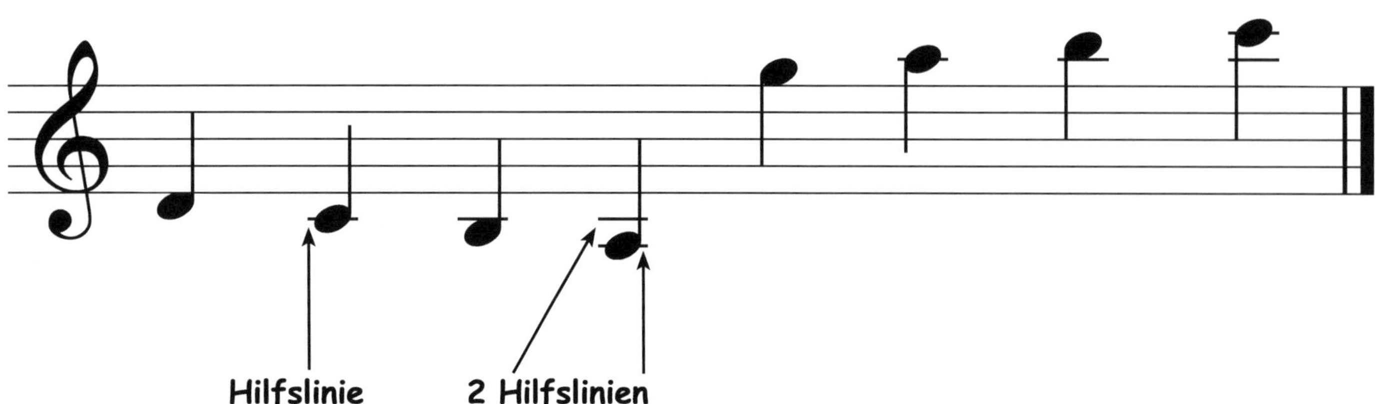

Gleichmäßig zupfen oder streichen

Ebenso wie wir Menschen hat auch die Musik einen gleichmäßigen Herzschlag. Auch beim Gehen haben wir einen solchen Rhythmus. Spiele genauso gleichmäßig die Noten.

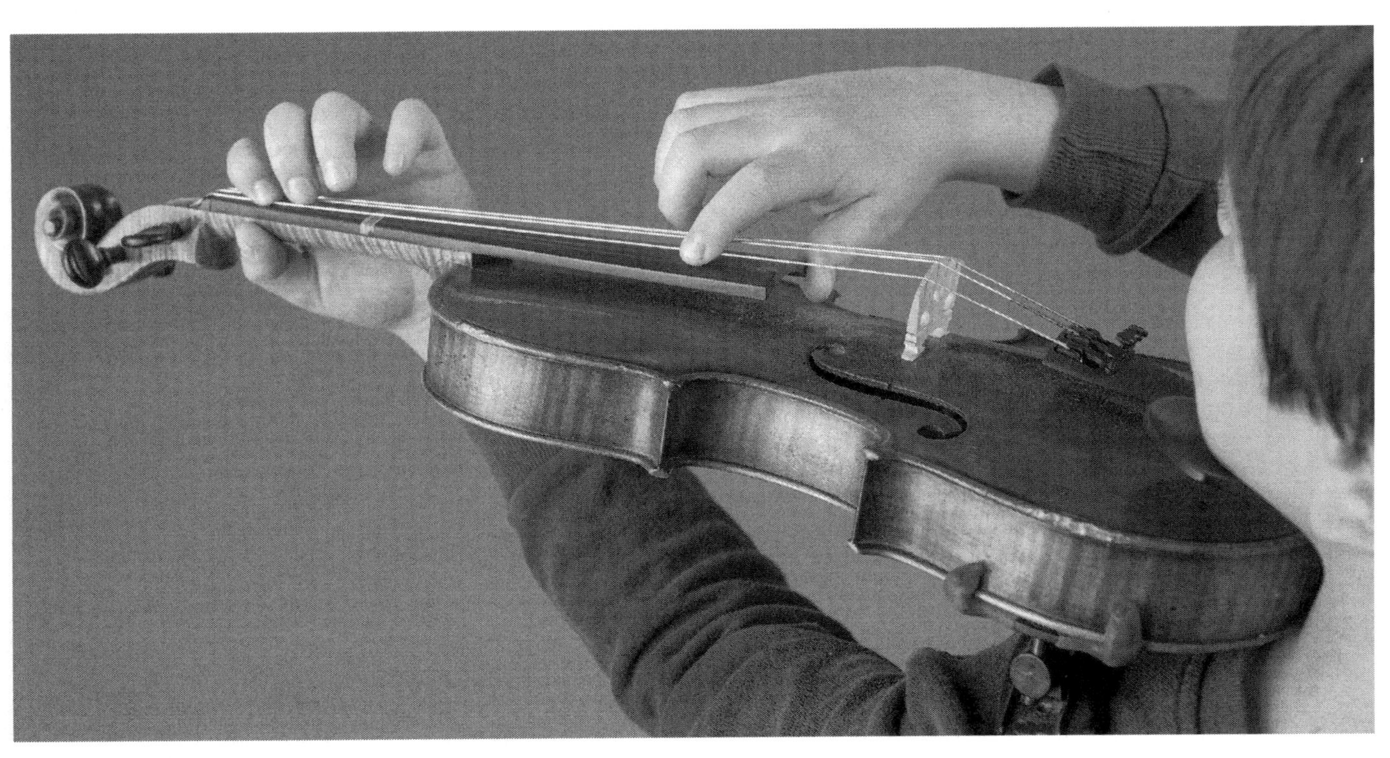

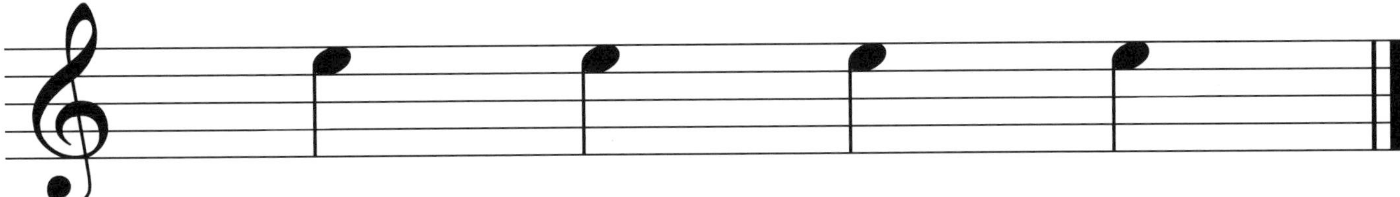

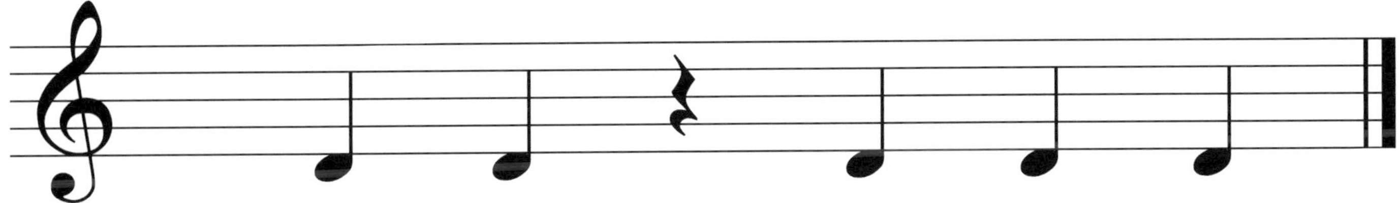

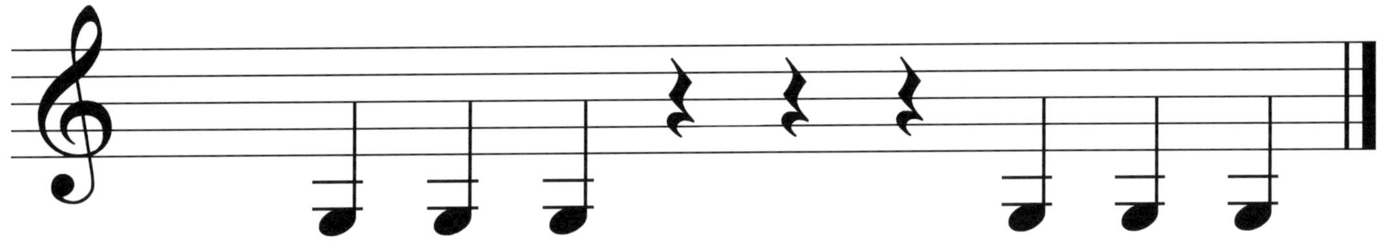

3 Stücke zum Zupfen oder Streichen

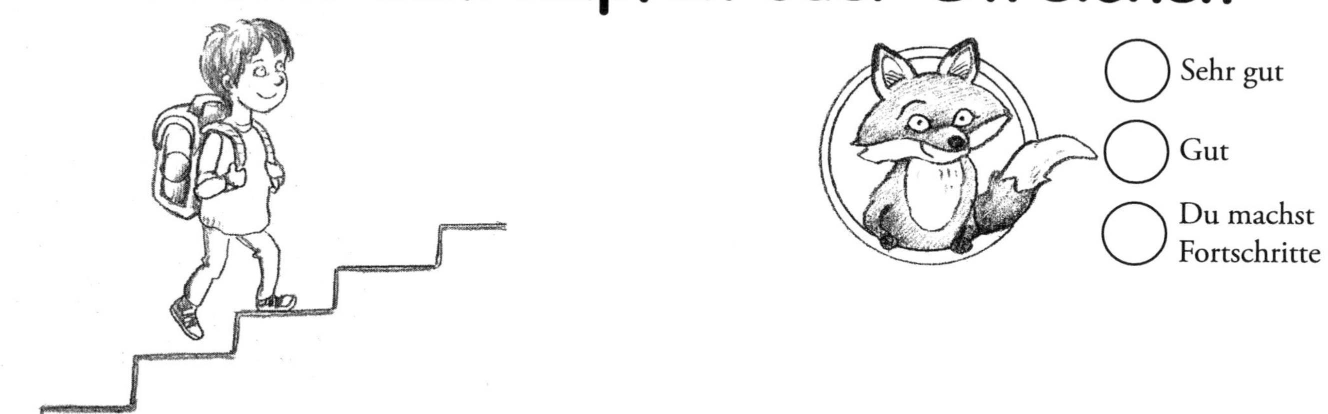

1. Die Schultreppe hinauf

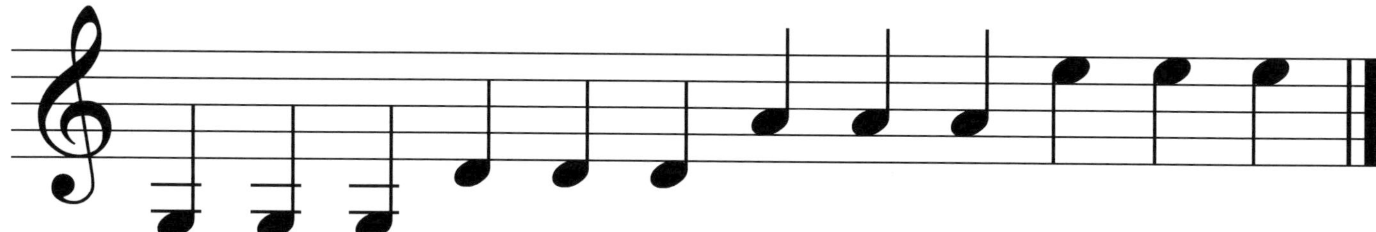

2. Die Schultreppe hinab

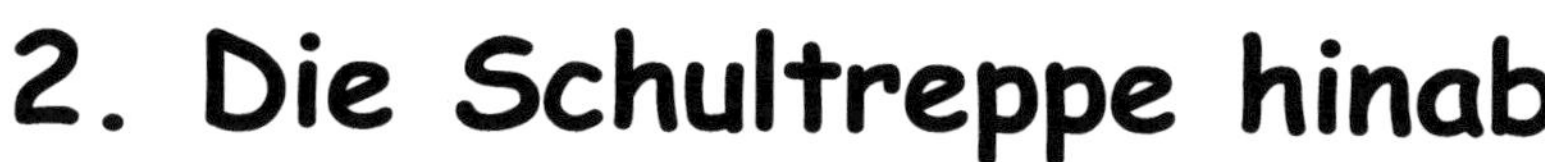

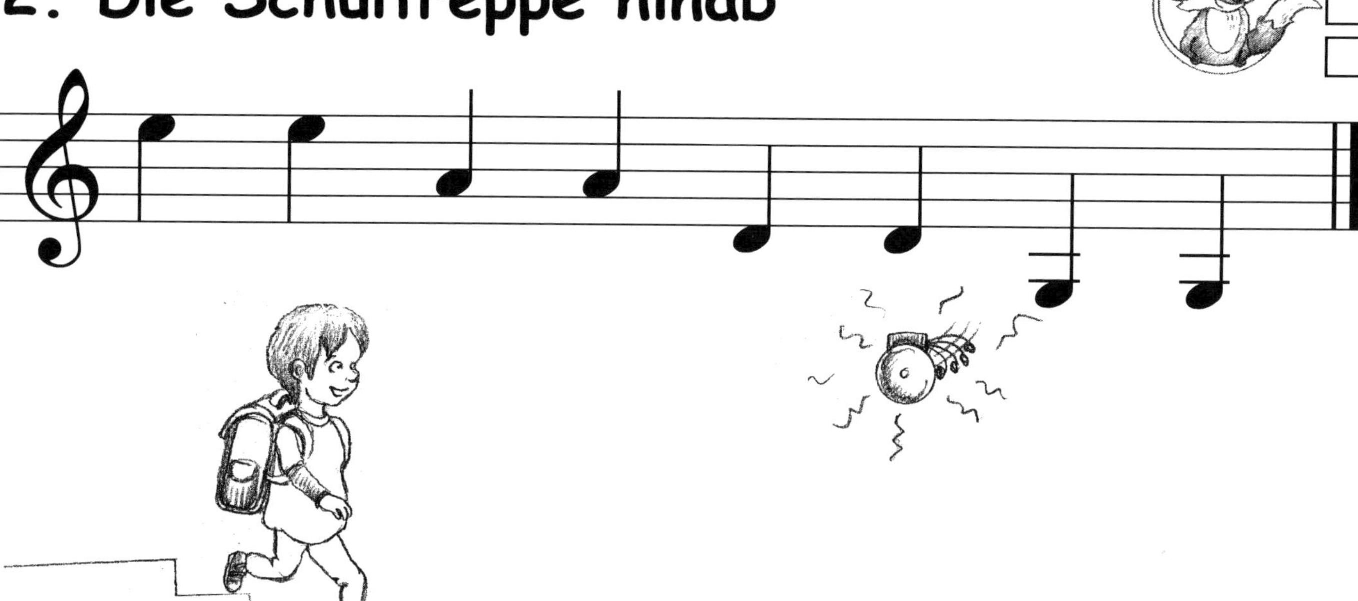

3. Die Schulglocke

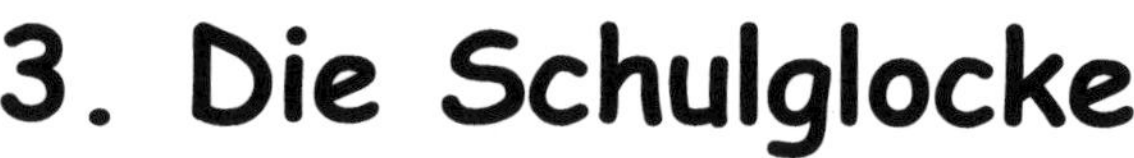

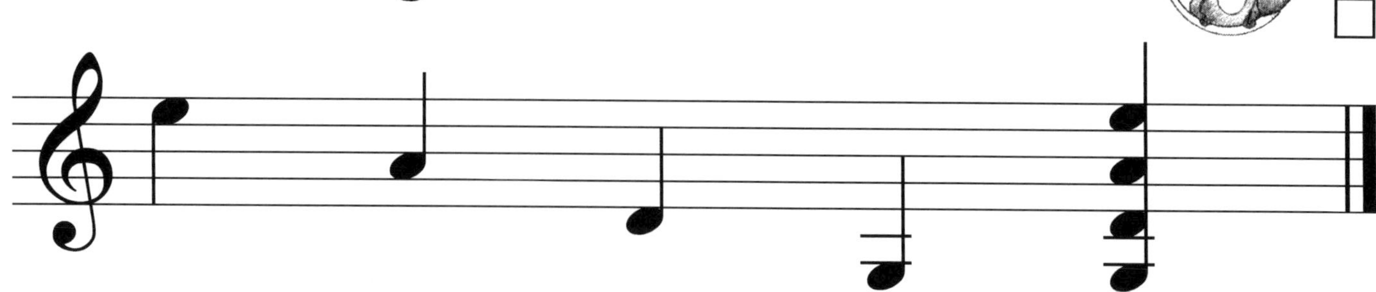

4. Hamsterwettrennen

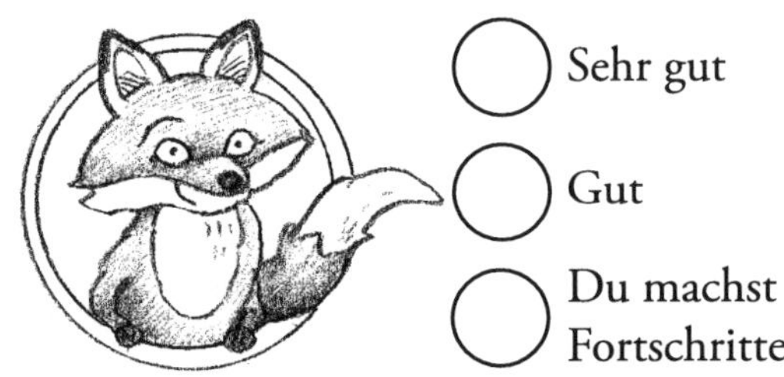

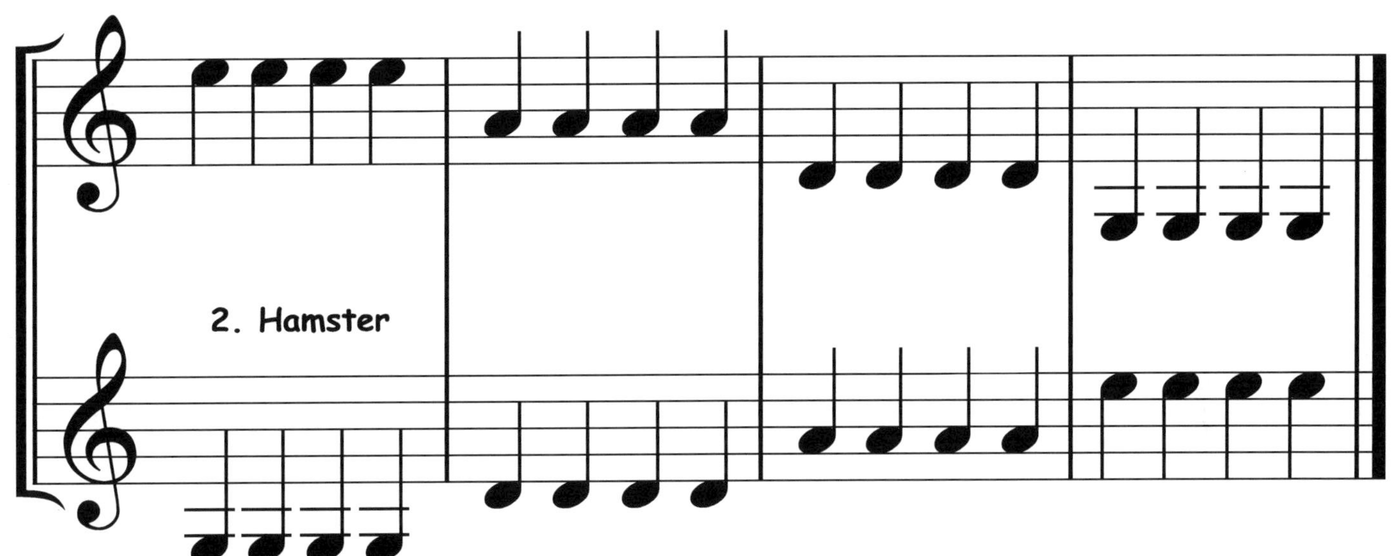

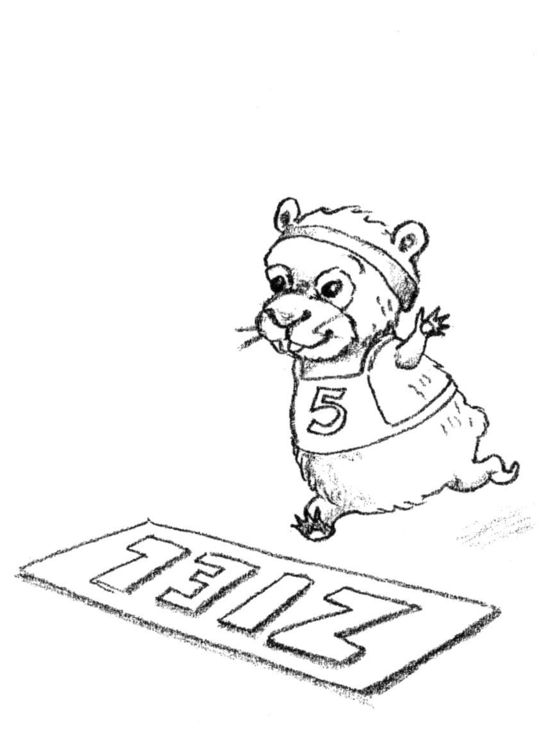

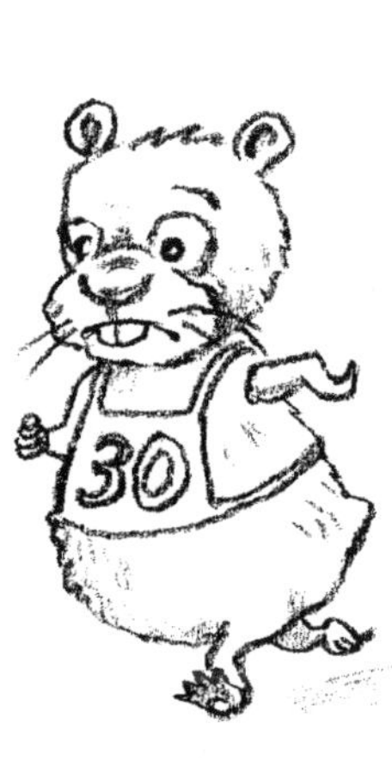

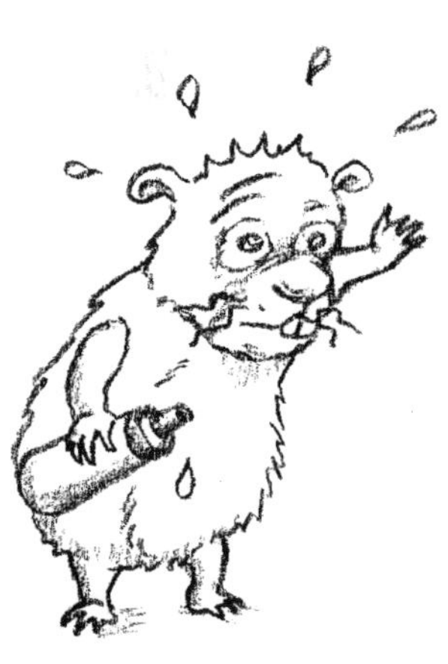

Kapitel 4: Der Rhythmus
Betonungen und Takte

Spiele die folgende Tonreihe zunächst alleine:

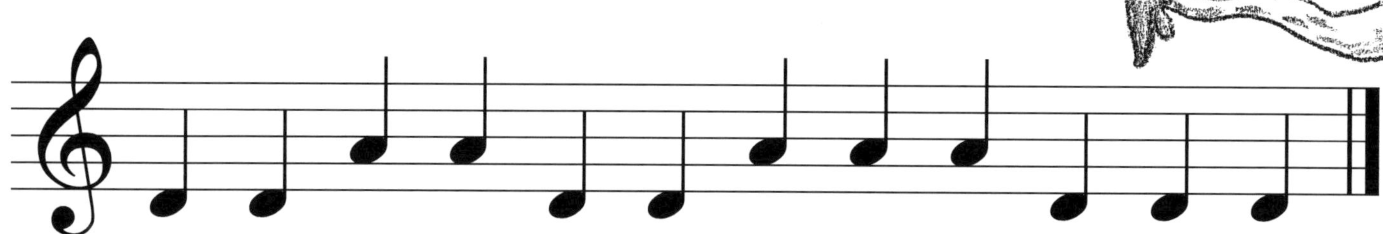

Spiele die Tonfolge jetzt noch einmal. Dein Lehrer spielt dazu eine der beiden folgenden Melodien, die du sicher kennst. Spiele deine Tonfolge solange, bis du gleichzeitig hören kannst, was du spielst und was dein Lehrer/deine Lehrerin spielt.

5. Kuckuck, kuckuck, ruft's aus dem Wald

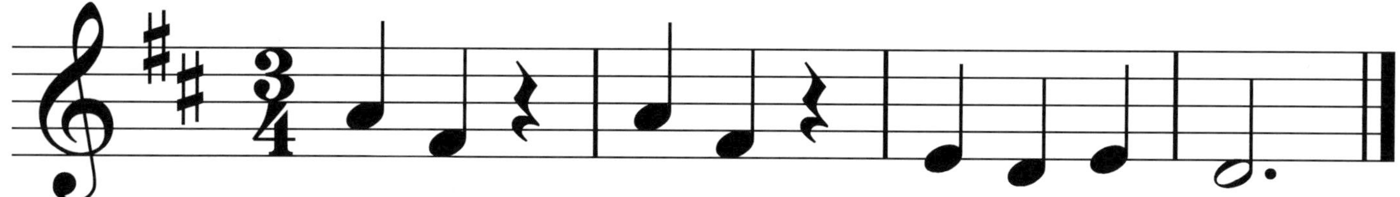

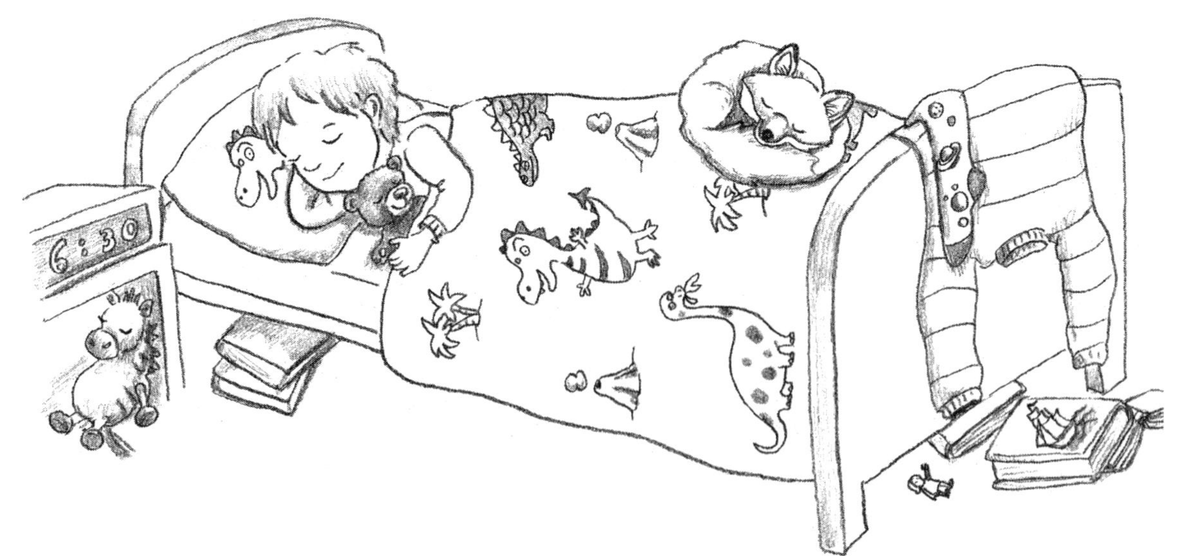

6. Bruder Jakob (Frère Jacques)

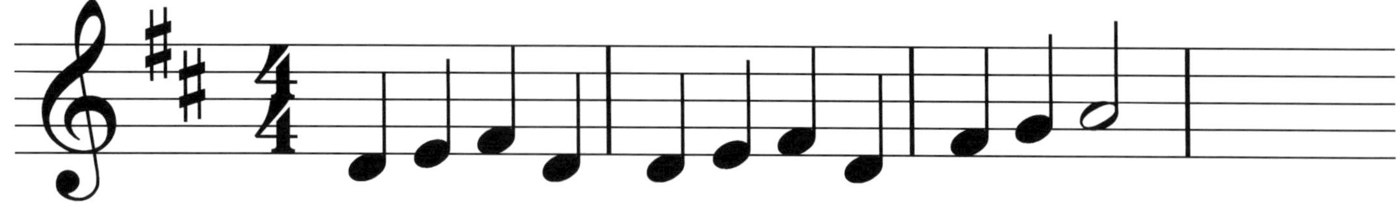

Was ist anders? – Beim Lied »Kuckuck« ist immer der erste von drei Tönen betont, bei »Bruder Jakob« der erste von vier Tönen.
Durch solche regelmäßigen Betonungen entsteht das Rhythmusgefühl, das dich dazu bringt, dich zur Musik zu bewegen oder zu tanzen. Die betonten oder stärkeren ersten Noten sind »schwerer«, weil man beim Tanzen bei diesen unwillkürlich etwas stärker auftritt. In der Popmusik schlägt der Schlagzeuger hier oft die laute Basstrommel (Base Drum) mit dem Fuß.

Solche 3er- oder 4er-Gruppen nennt man Takte. »Kuckuck« hat Dreiertakte, »Bruder Jabkob« hat einen Vierertakt. Die Takte werden mit Taktstrichen markiert, was das Notenlesen erleichtert. Musiker spüren die drei oder vier Pulse und zählen beim Spielen die Takte mit, ohne dass es jemand bemerkt.

So sieht die linke Tonreihe aus, wenn sie in Takte unterteilt wird. Wieviel Takte gibt es in beiden Liedern?
Spiele jetzt deine Tonfolge zweimal, im 3er- und im 4er-Takt. Betone jeweils die erste Note in jedem Takt bewusst etwas stärker.

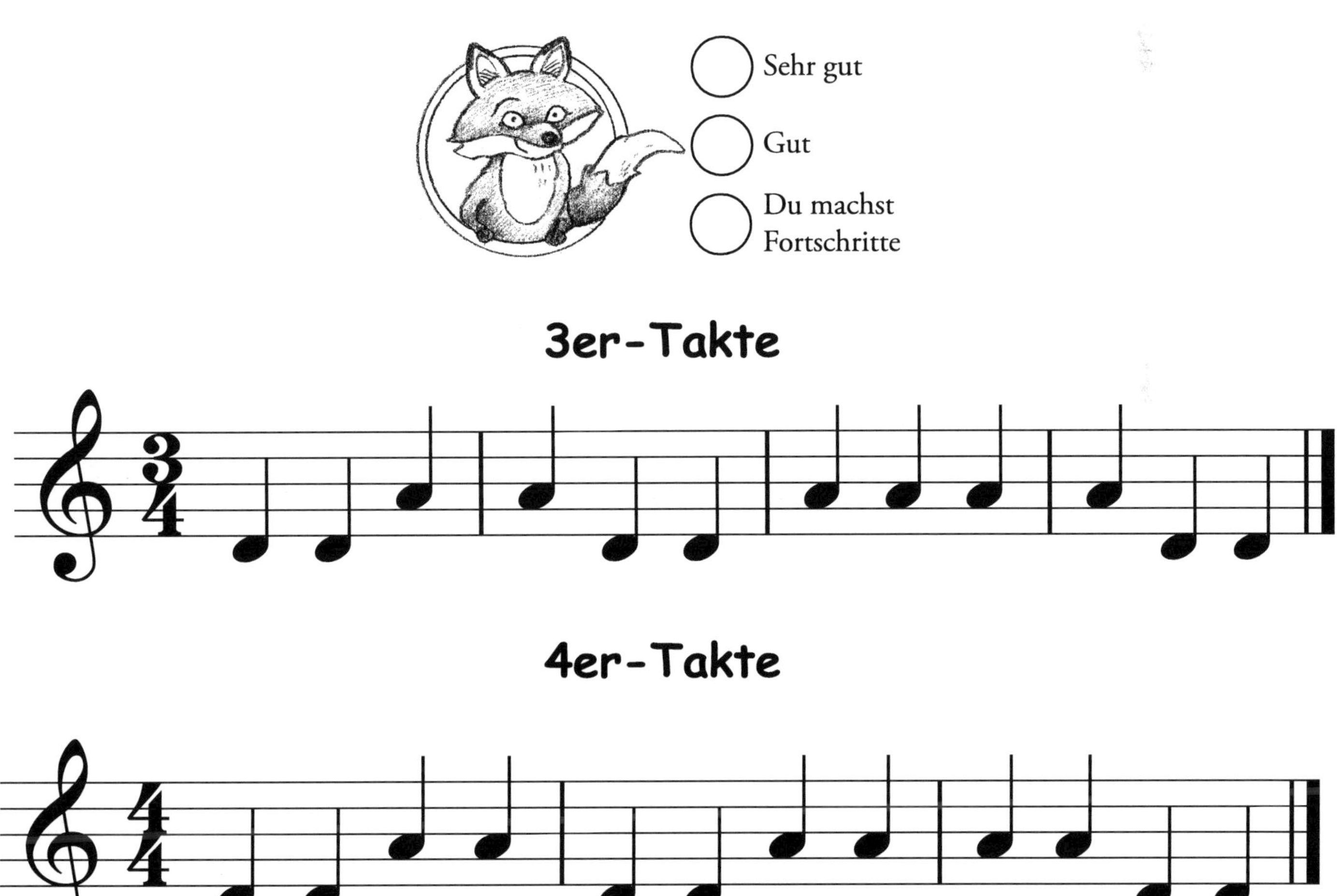

Taktart:

Ob 3er- oder 4er- oder sogar 5er-Takt: Die Taktart ist immer am Anfang eines Stückes mit Zahlen angegeben: Die untere Zahl zeigt den Notenwert an, also was du zählst. In unserem Fall sind das Viertelnoten. Die obere Zahl gibt an, wie viele davon in einen Takt gehören. Hier also 3 Viertelnoten oder 4 Viertelnoten.

7. Trat ich heute vor die Türe
(Begleitrhythmus auf leeren Saiten)

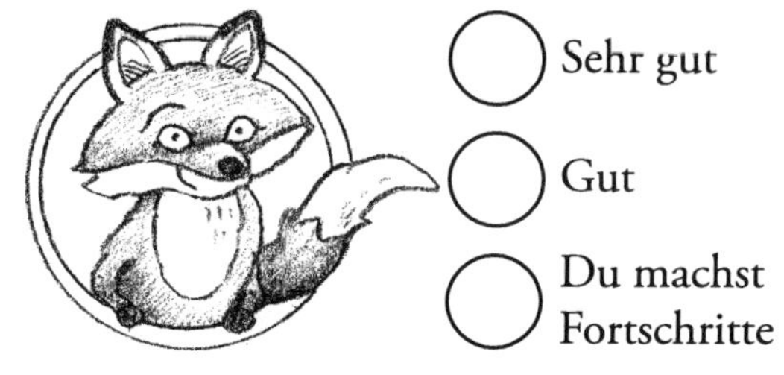

Musik: Heinz Lemmermann
Text: Christel Süßmann

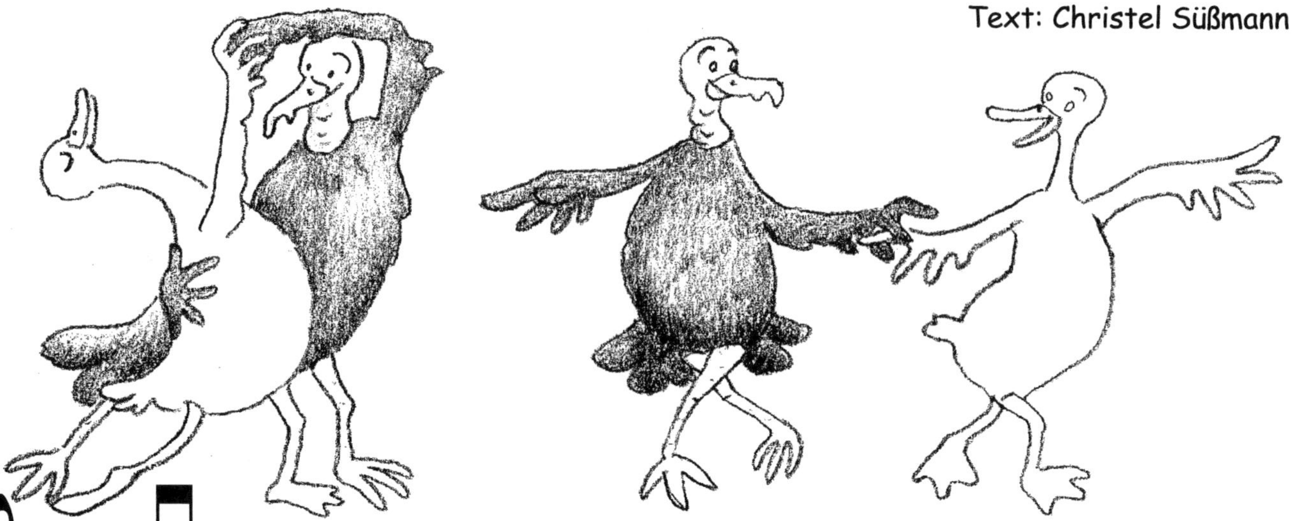

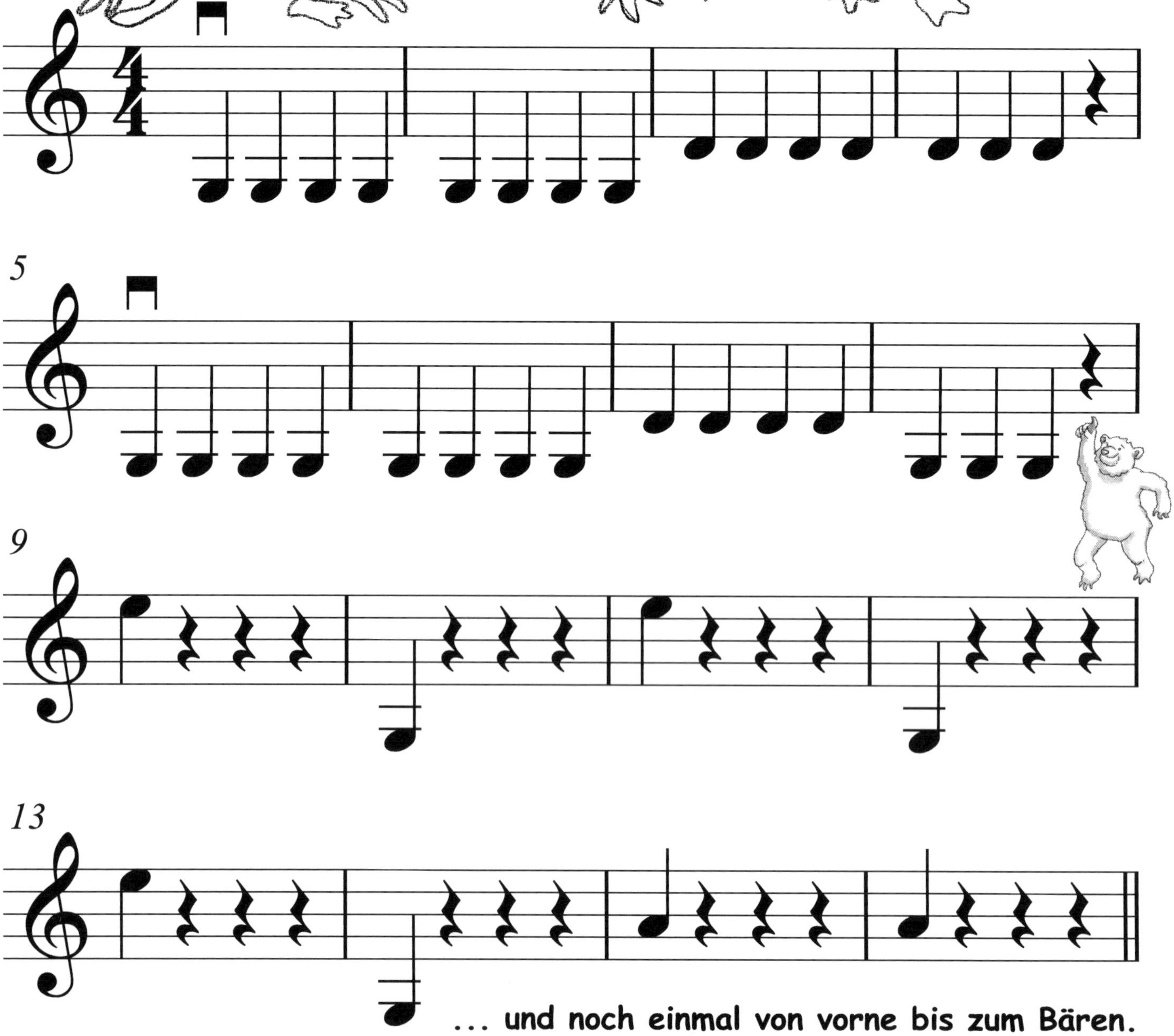

5

9

13

... und noch einmal von vorne bis zum Bären.

Von der Fidula-CD 4401 »Tanzlieder für Kinder« - (c) Fidula-Verlag

7. Trat ich heute for die Türe

(Melodie)

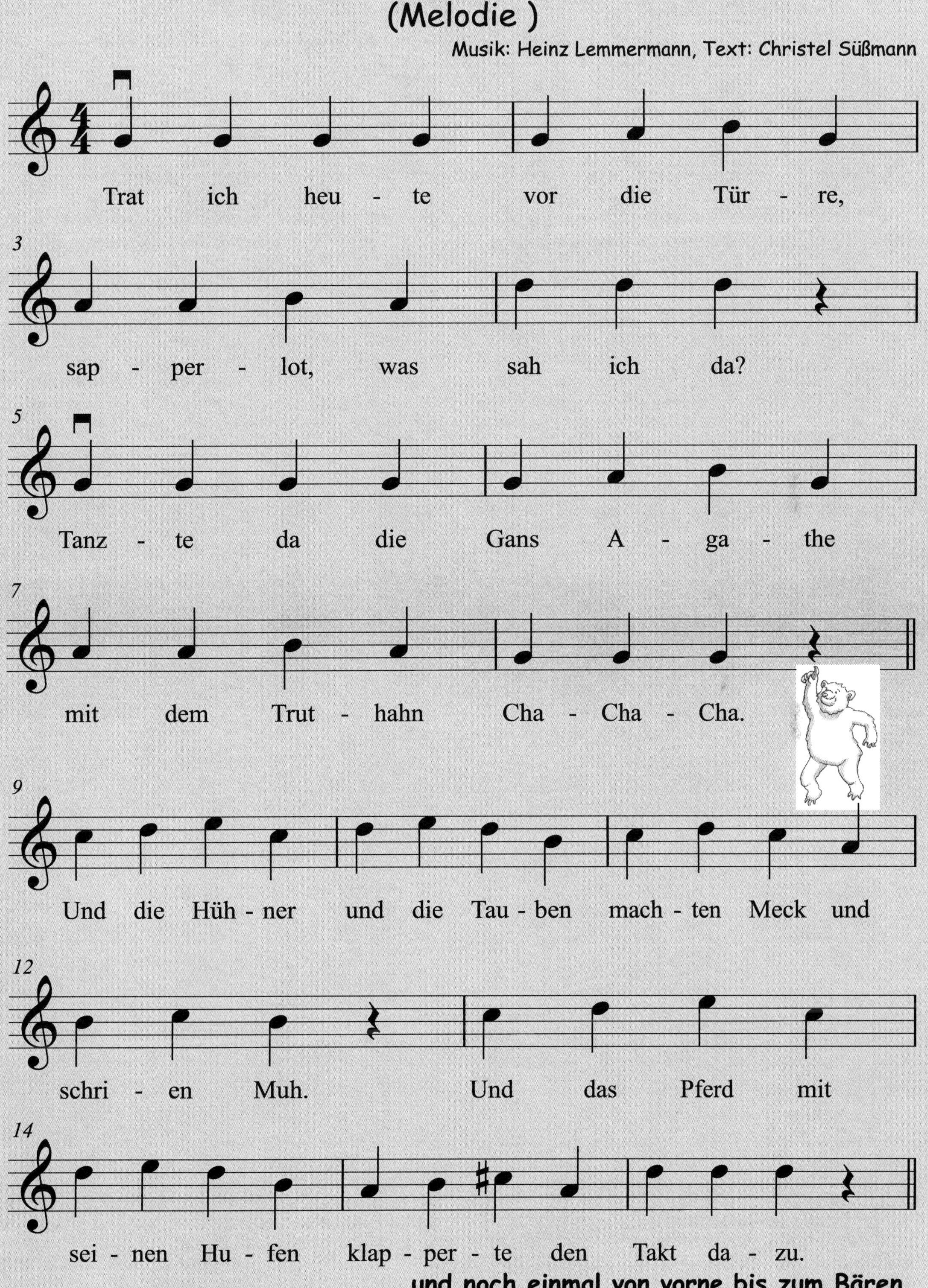

Kapitel 5: Weitere Notenwerte und die Bogenverteilung

Die Halbe Note

ganzer Bogen halber Bogen halber Bogen

Eine Halbe Note dauert so lange wie zwei Viertelnoten. Man zieht auch den Bogen doppelt so weit durch. Fühle und zähle beim Spielen die zwei Viertelnoten oder Pulse.
Zu Beginn (bei der Halben Note) ziehen wir den ganzen Bogen von einem Ende bis zum anderen. Bei Viertelnoten ziehen wir nur den halben Bogen.

Obere Bogenhälfte (o.H.) und untere Bogenhälfte (u.H.)

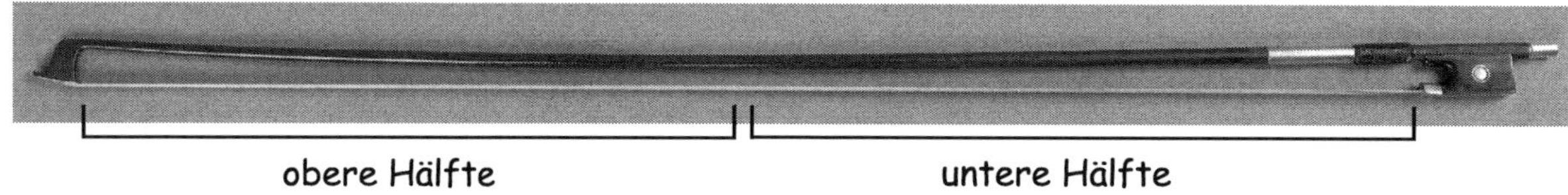

Zwei Rhythmen mit verschiedenen Notenwerten

Übe diese beiden Rhythmen auf allen Saiten. Beginne das erste Mal beim Frosch. Beim zweiten Mal an der Spitze.

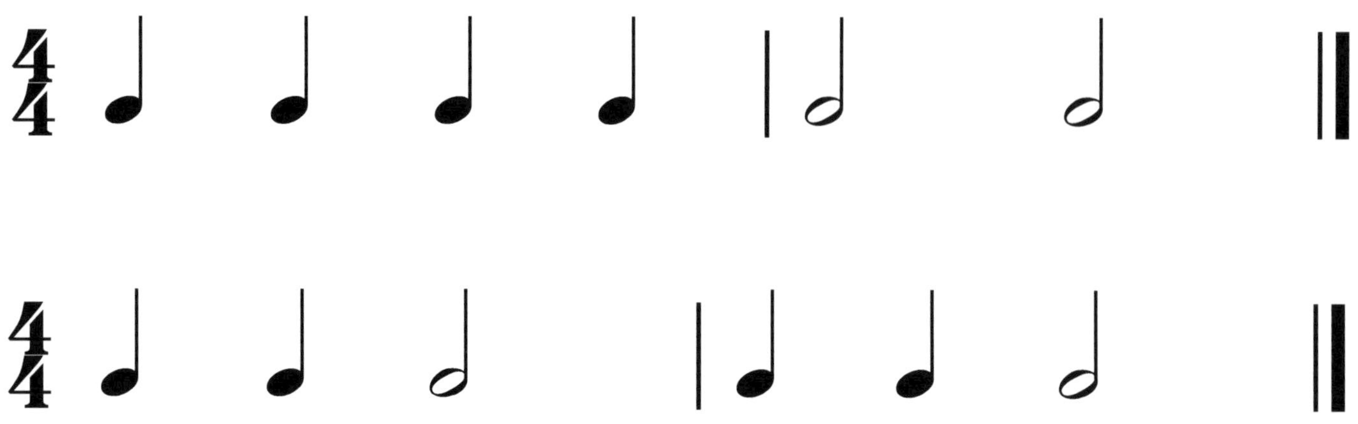

Beim Hin- und Herstreichen ergibt sich, dass wir nur in der oberen oder nur in der unteren Bogenhälfte spielen.
Bei welchem Ton wandert der Bogen in diesen Stücken zum anderen Bogenende?

Die Ganze Note

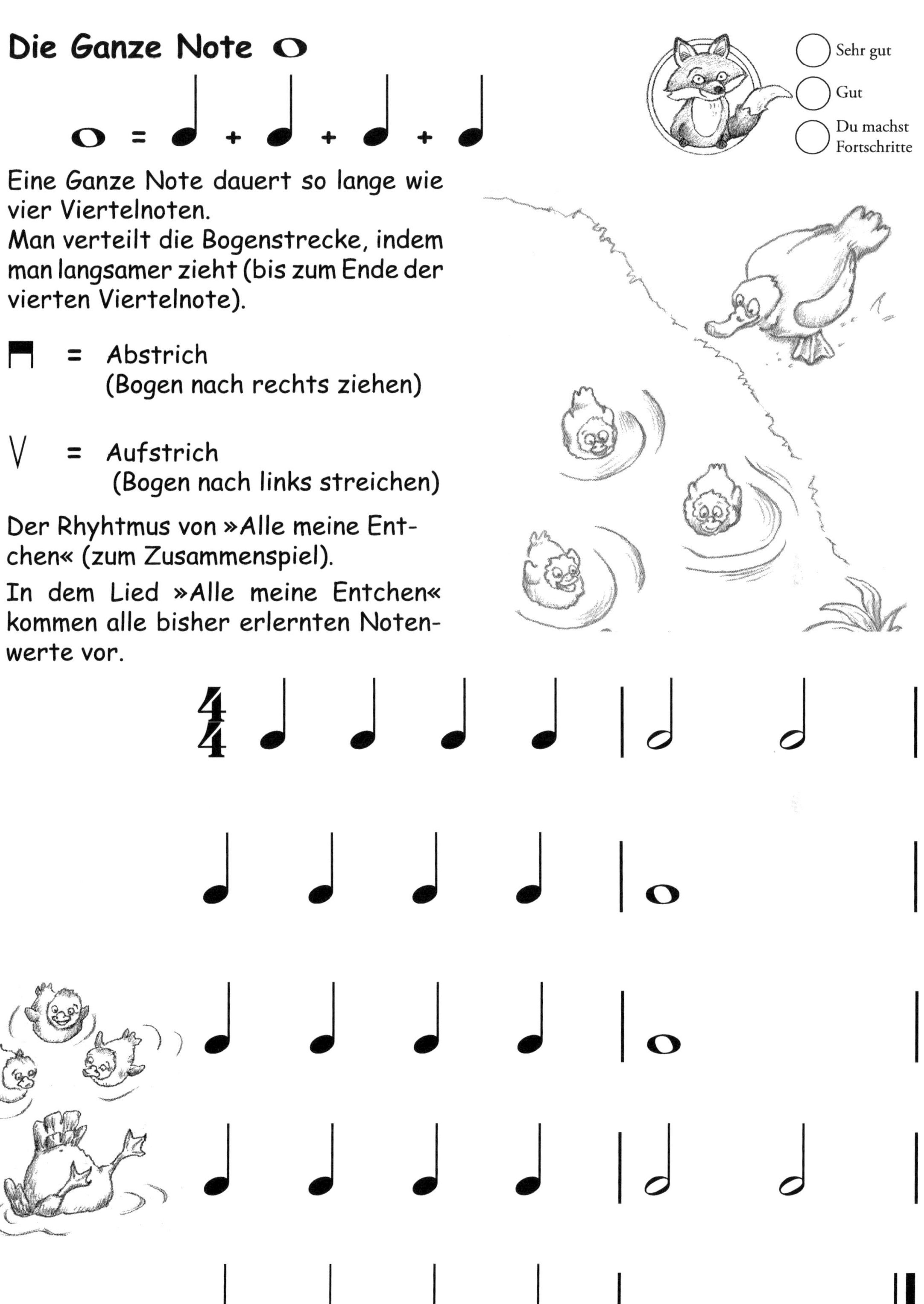

Eine Ganze Note dauert so lange wie vier Viertelnoten.
Man verteilt die Bogenstrecke, indem man langsamer zieht (bis zum Ende der vierten Viertelnote).

⊓ = Abstrich (Bogen nach rechts ziehen)

V = Aufstrich (Bogen nach links streichen)

Der Rhythmus von »Alle meine Entchen« (zum Zusammenspiel).

In dem Lied »Alle meine Entchen« kommen alle bisher erlernten Notenwerte vor.

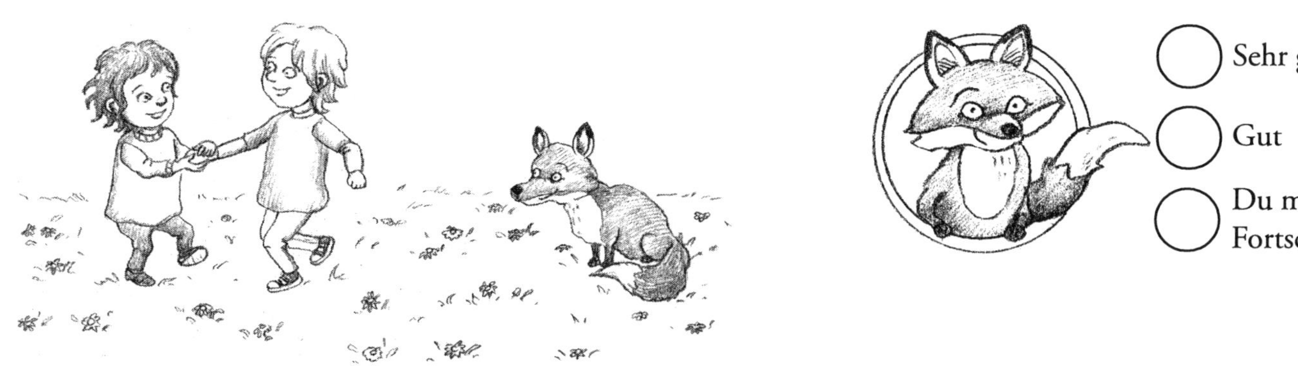

8. Liebe Schwester, tanz mit mir

Melodie: Volksweise
Text: Adelheid Wette (1858–1916)

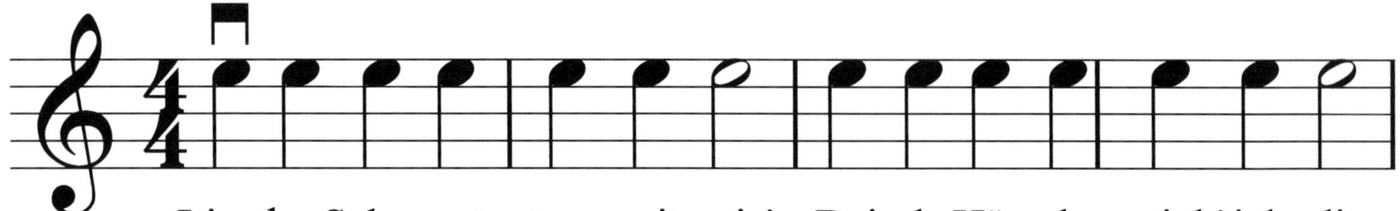

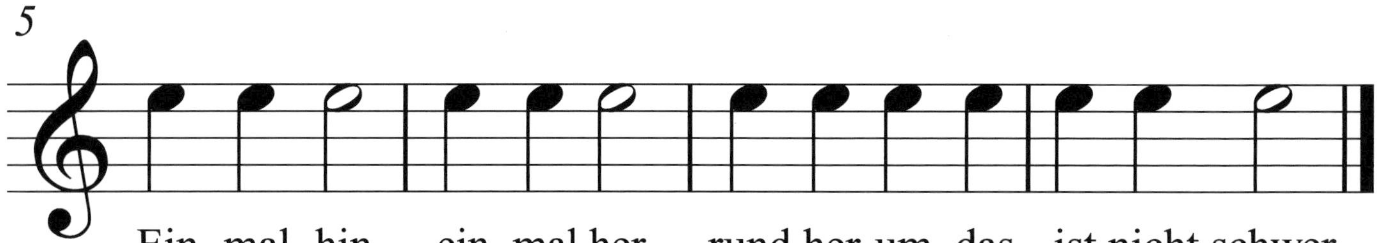

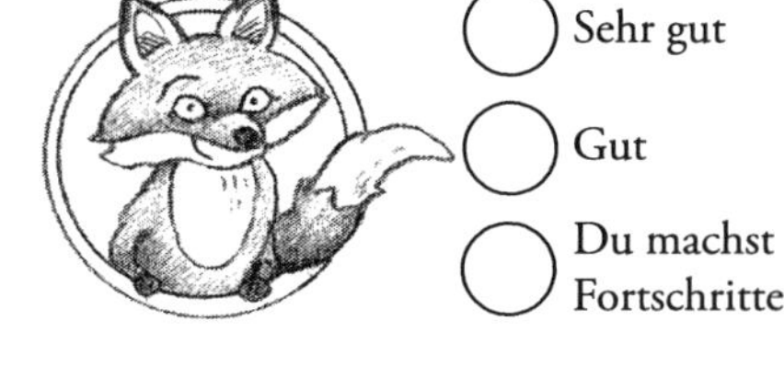

9. Merrily We Roll Along

Traditional aus den USA

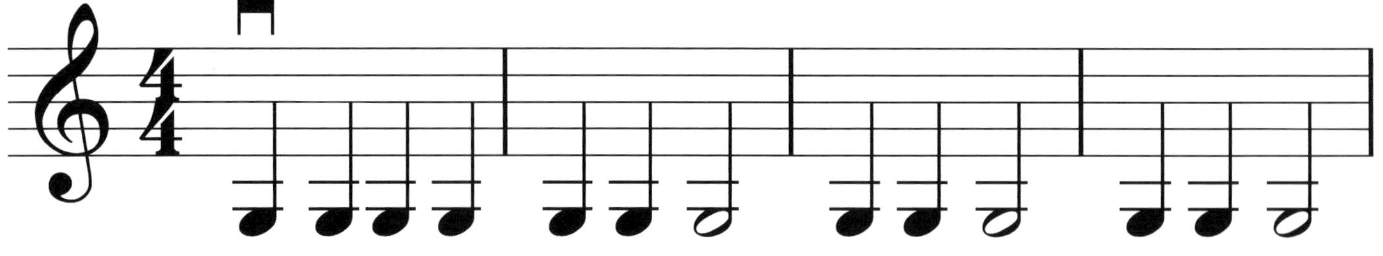

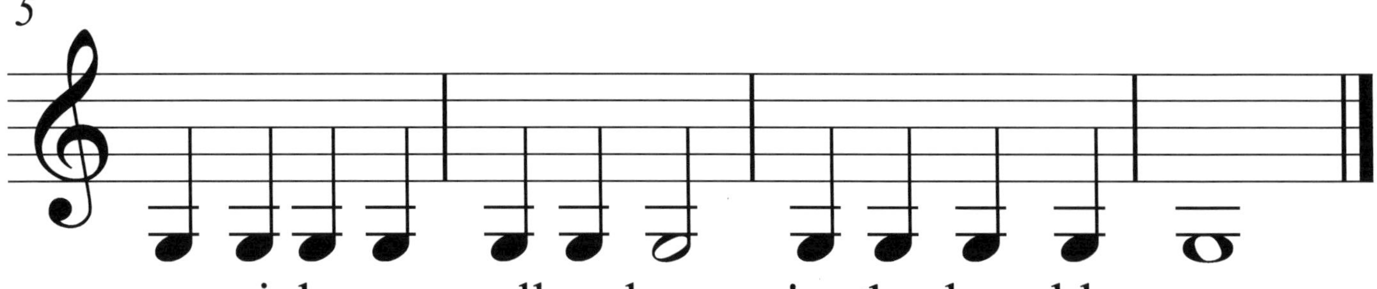

Melodiestimmen für den Lehrer/die Lehrerin.
Diese Lieder können zusammen mit den Schülerstimmen (linke Seite) gespielt werden.

8. Liebe Schwester, tanz mit mir

Melodie: Volksweise
Text: Adelheid Wette (1858–1916)

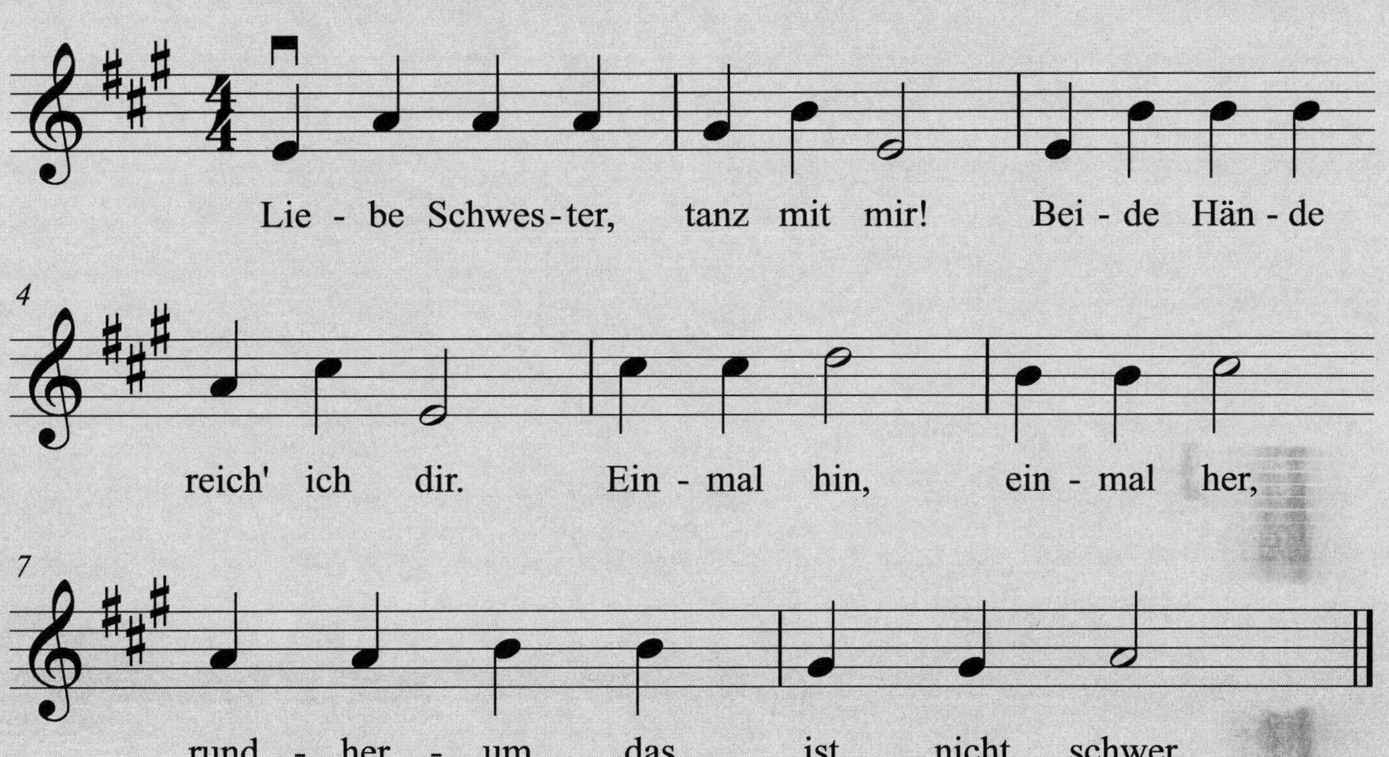

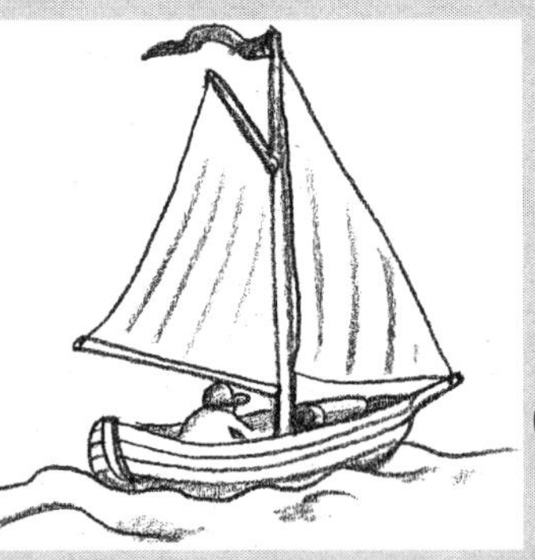

9. Merrily We Roll Along

Traditional aus den USA

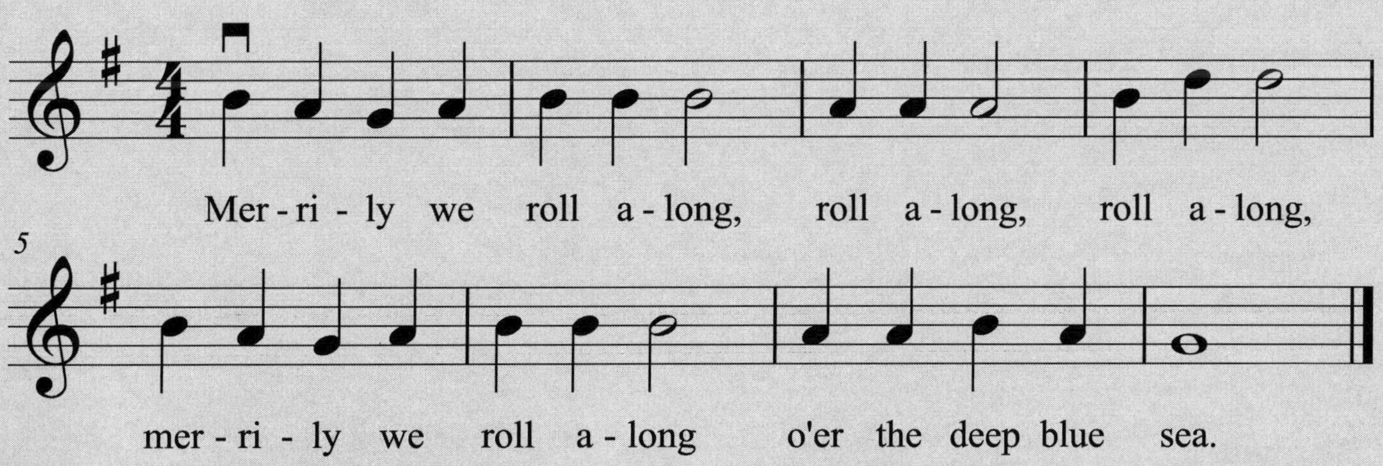

Melodiestimmen für den Lehrer/die Lehrerin.
Diese Lieder können zusammen mit den Schülerstimmen (rechte Seite) gespielt werden.

10. Sur le pont d'Avignon

Traditional aus Frankreich

Sur le pont d'A-vig-non, l'on y dan-se, l'on y dan-se,

sur le pont d'A-vig-non, l'on y dan-se, tout en rond.

11. Kuckuck, kuckuck, ruft's aus dem Wald

Volksweise, Text: August Heinrich Hoffmann von Fallersleben (1798–1874)

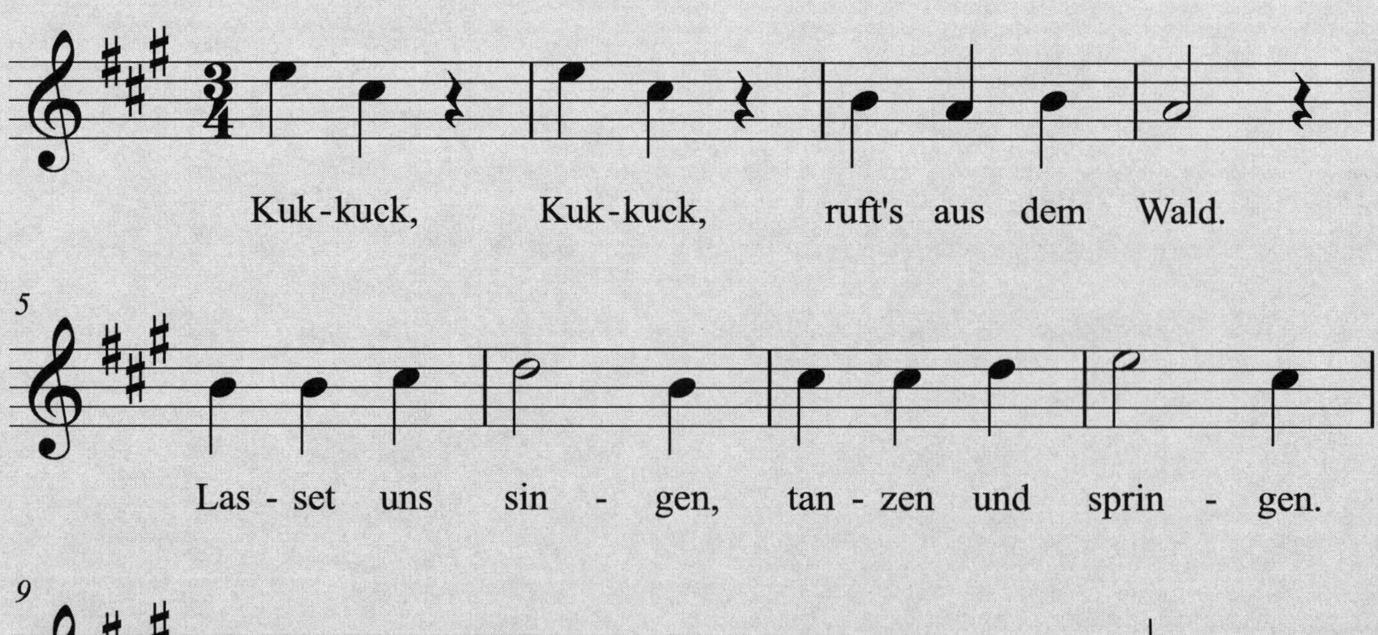

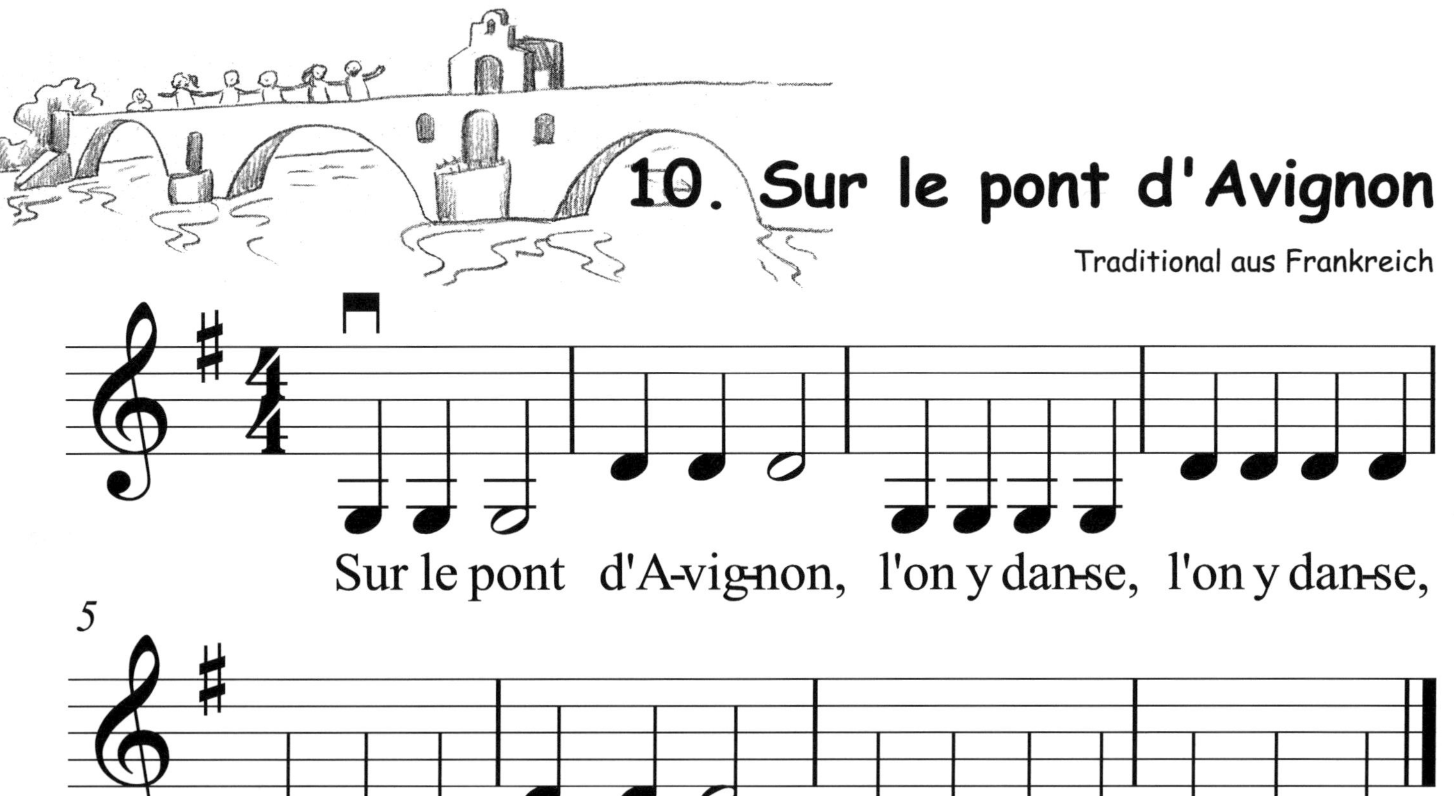

10. Sur le pont d'Avignon

Traditional aus Frankreich

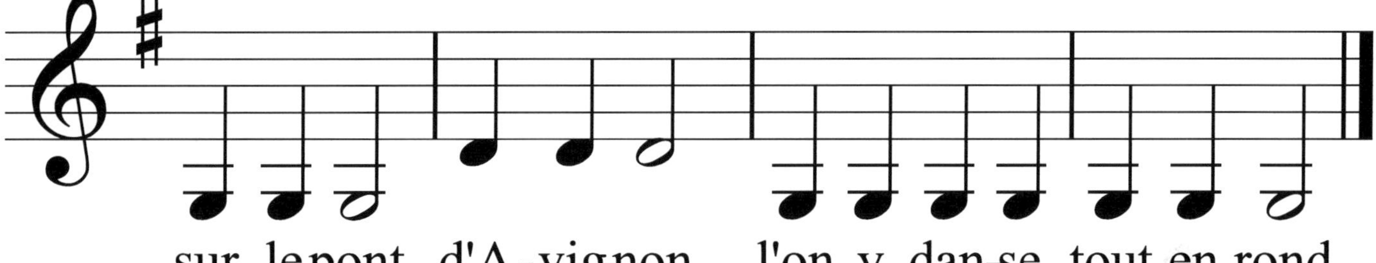

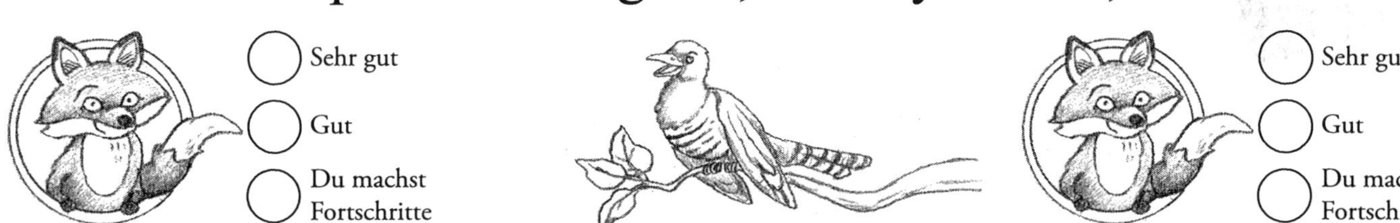

Sehr gut
Gut
Du machst Fortschritte

Sehr gut
Gut
Du machst Fortschritte

11. Kuckuck, kuckuck, ruft's aus dem Wald

Volksweise, Text: August Heinrich Hoffmann von Fallersleben (1798–1874)

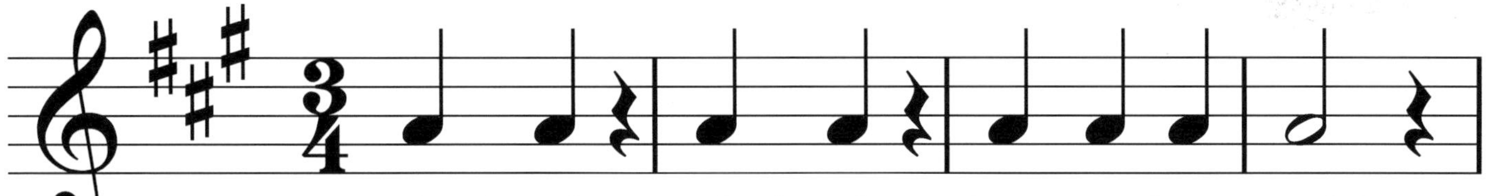

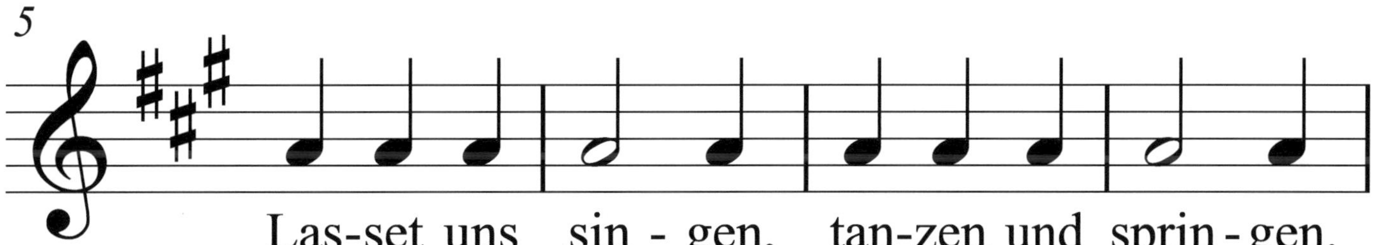

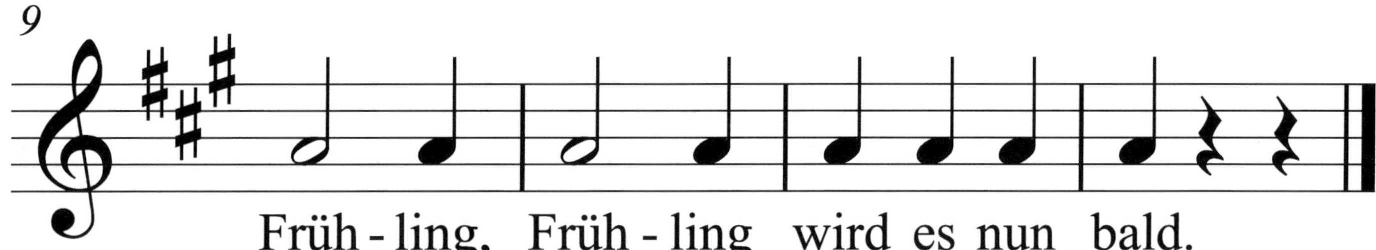

Die Achtelnote

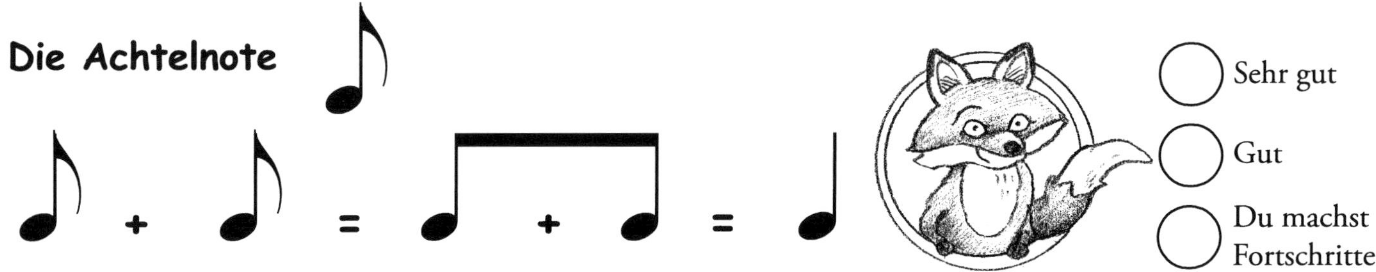

Eine Achtelnote ist halb so lang wie eine Viertelnote. Zwei Achtelnoten dauern also genau so lange wie eine Viertelnote. Zwei Achtelnoten passen in eine Viertelnote.

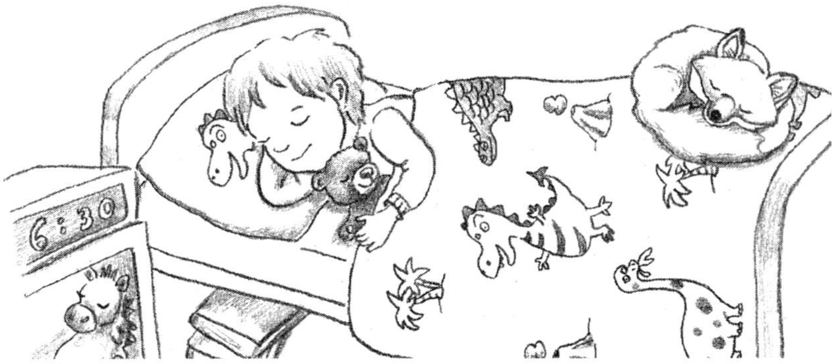

12. Bruder Jakob (Frère Jacques)

Kanon aus Frankreich

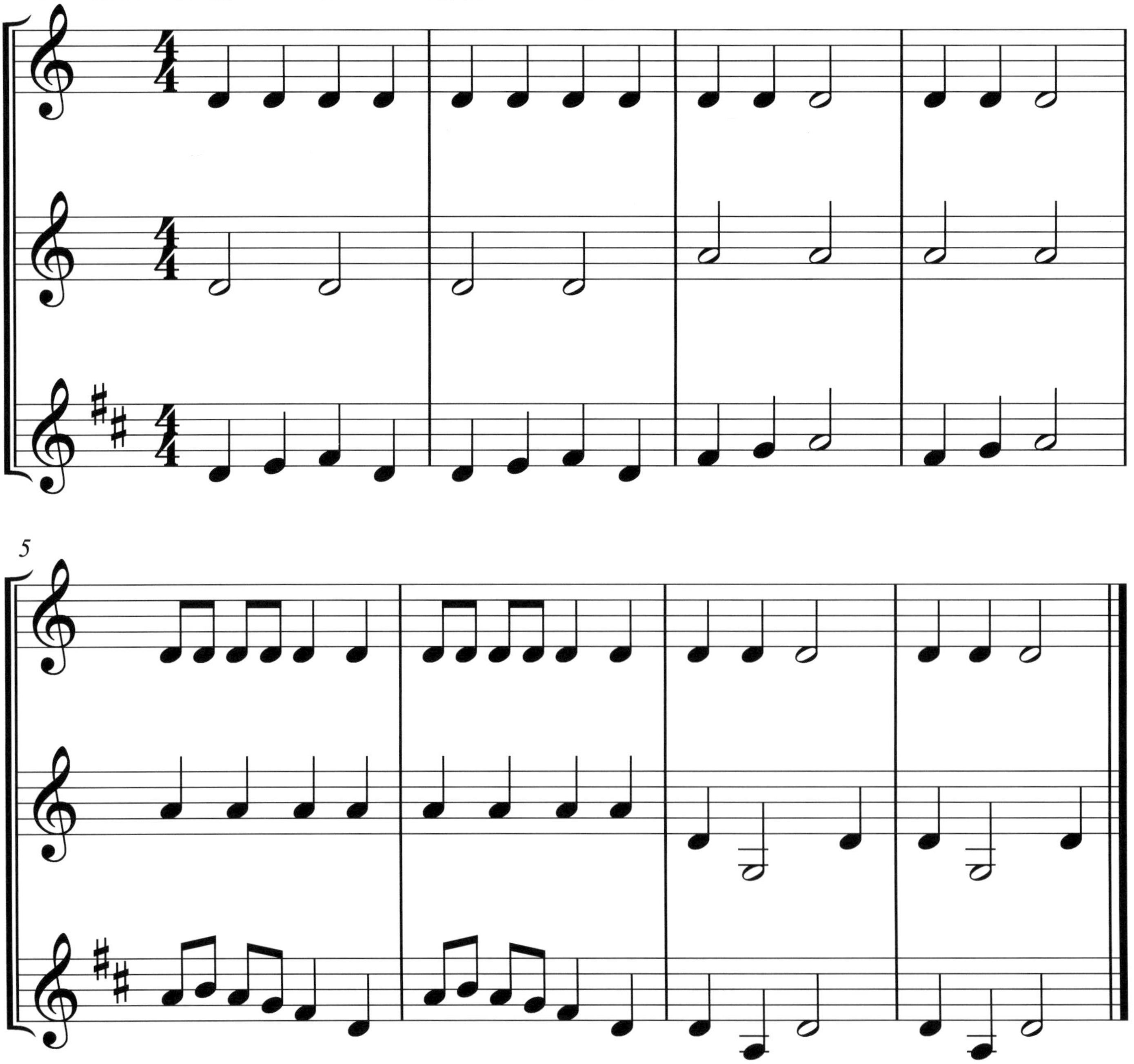

5

Ein unvollständiger Takt am Beginn eines Liedes nennt sich **Auftakt**. Der letzte Takt des Stückes ist dann auch unvollständig und ergänzt den ersten Takt. Welche Noten werden am Anfang des Stückes betont?

13. Es war eine Mutter, die hatte vier Kinder

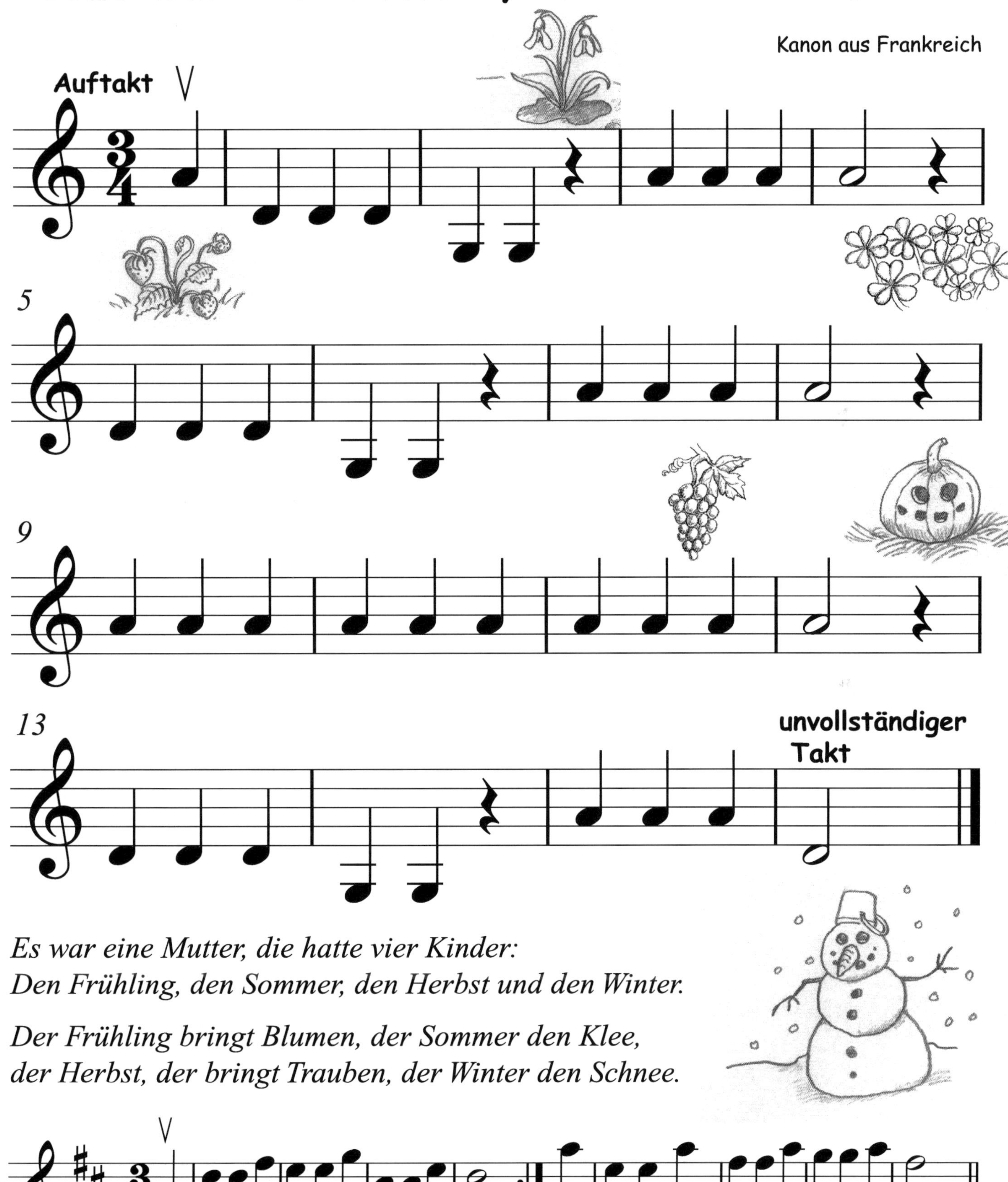

Es war eine Mutter, die hatte vier Kinder:
Den Frühling, den Sommer, den Herbst und den Winter.

Der Frühling bringt Blumen, der Sommer den Klee,
der Herbst, der bringt Trauben, der Winter den Schnee.

Notenlängen und Pausen in der Übersicht

Hier findest du alle Notenwerte und Pausen, die in dieser Schule vorkommen. Du findest aber auch noch einige weitere! Welche kennst du schon?

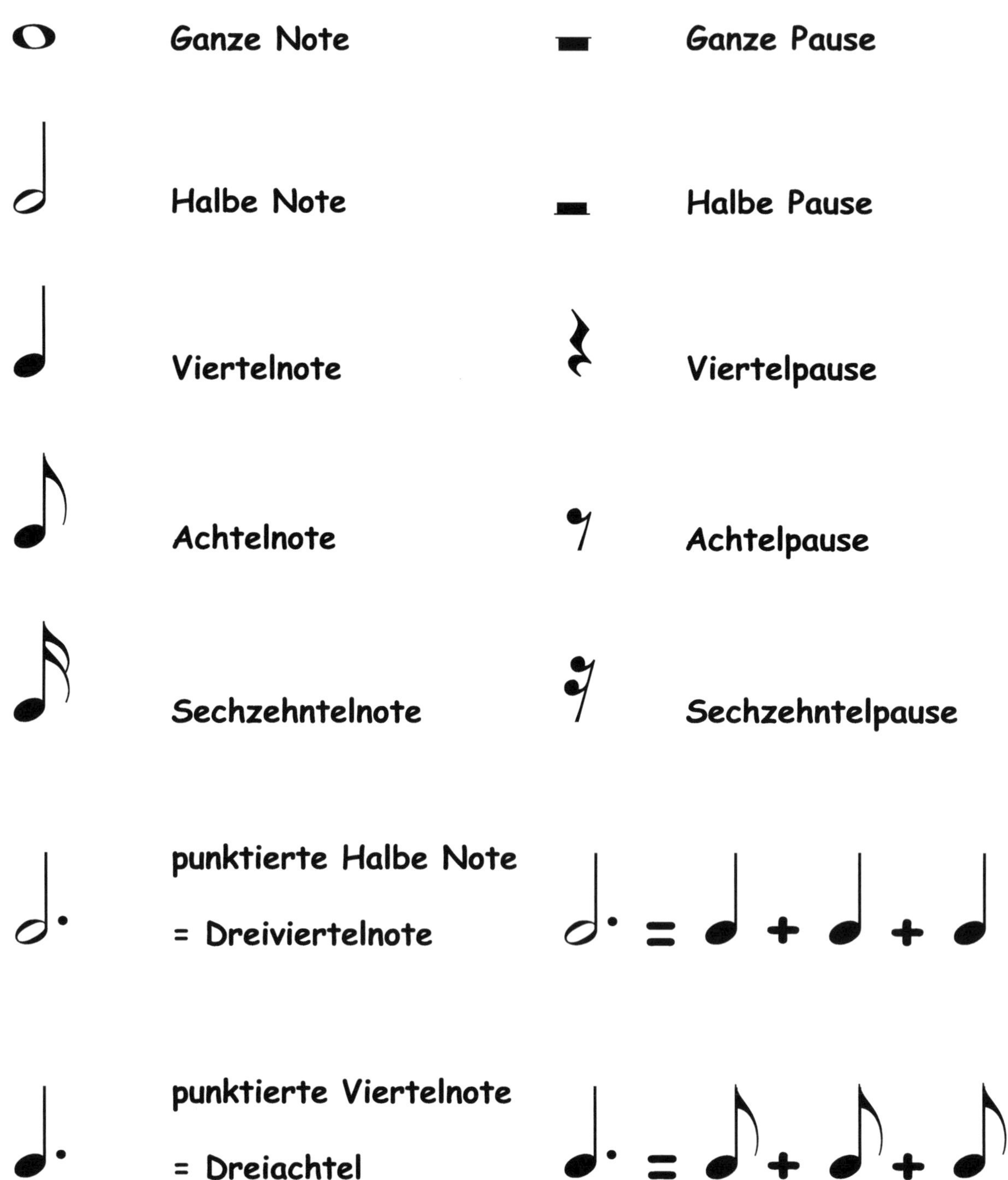

Der Notenbaum

Was stellt dieser Notenbaum dar?

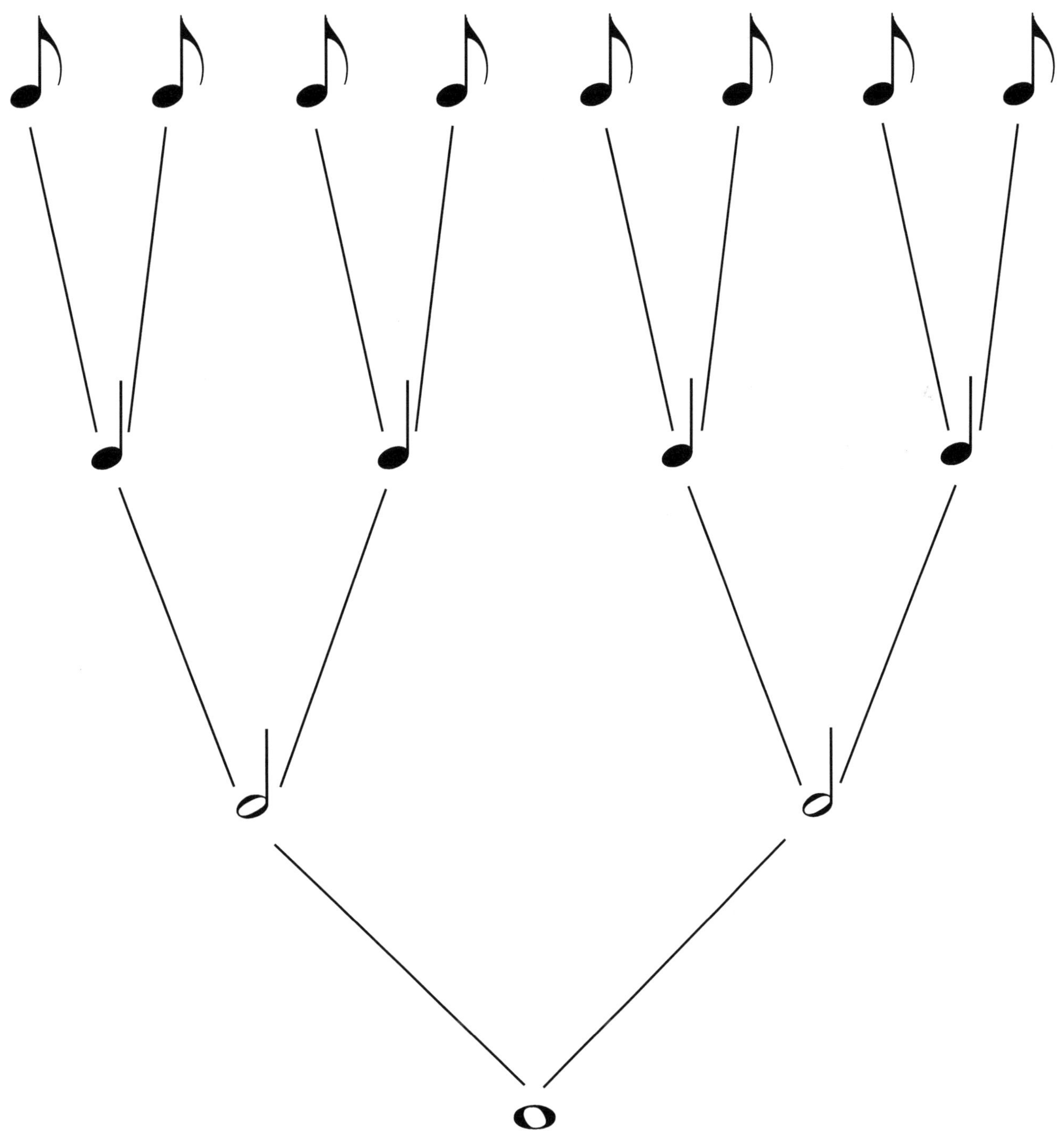

Kapitel 6: Der Fingeraufsatz

Die richtige Haltung deiner linken Hand ist besonders wichtig! Lege deinen Daumen locker an den Geigenhals, ungefähr gegenüber deinem Zeigefinger, dem **1. Finger**.

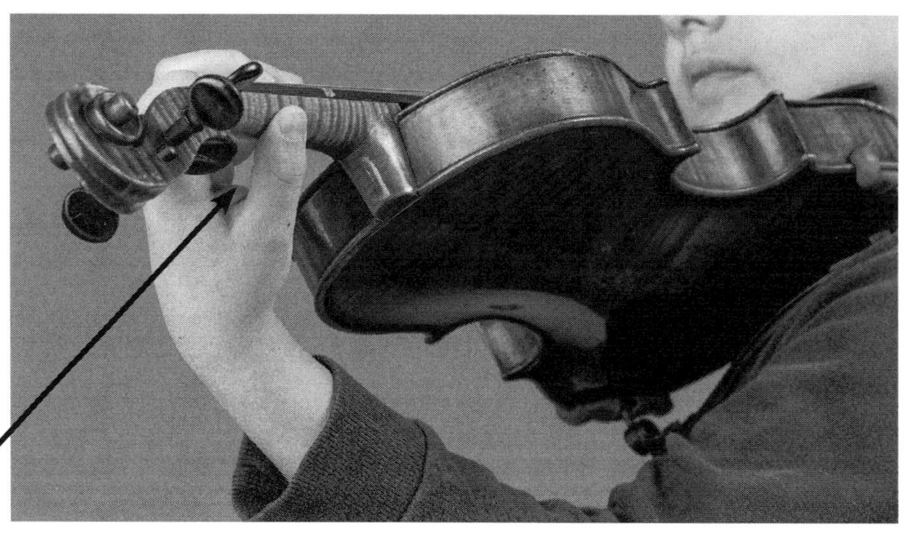

Im Bogen zwischen deinem Daumen und deinem Zeigefinger soll ein kleines Loch zu sehen sein. In dieser Position können sich deine Finger freier bewegen.

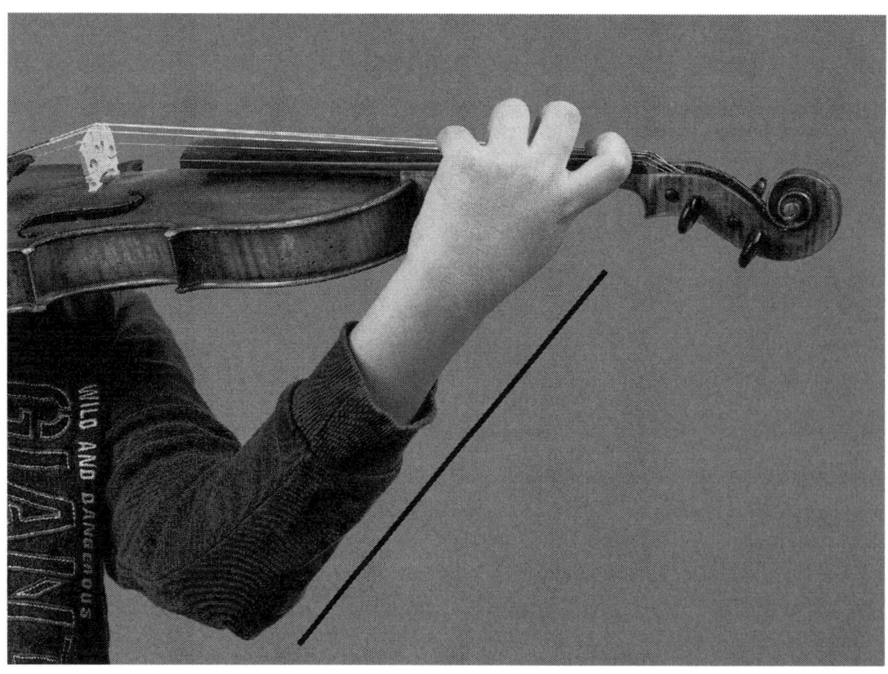

Achte darauf, dass dein Handrücken und dein Unterarm eine Linie bilden oder eine leichte Krümmung! Jedoch darf dein Handgelenk nicht unter den Hals wegknicken oder eine überstreckte Beugung nach außen zu sehen sein! Beim Spielen muss sich dein Handgelenk frei bewegen können.

Den 1. Finger nach Gehör finden! - Auf allen Saiten

Jeden Finger deiner Greifhand benennen wir mit einer Zahl: Der 1. Finger ist dein Zeigefinger, der 2. Finger dein Mittelfinger. Der 3. Finger ist dein Ringfinger und der 4. Finger schließlich dein kleiner Finger. Der Daumen zählt nicht, da er keine Saiten greift.
Steht eine Zahl über einer Note, zeigt sie an, mit welchem Finger du den Ton greifen musst. Steht also zum Beispiel eine 1 über der Note, setzt du deinen Zeigefinger auf. Bei einer Null (0) wird die leere Saite gespielt, ohne dass du einen Finger aufsetzen musst.

Spielst du eine Saite erst ohne Finger und dann mit dem 1. Finger, entsteht bereits der Anfang einer Melodie. Der mit dem 1. Finger gegriffene Ton klingt heller oder höher als der Anfangston.
Setze bei der E-Saite deine Fingerkuppe dicht beim Sattel auf. Du hörst dann den Beginn von »Schneeflöckchen, Weißröckchen«.

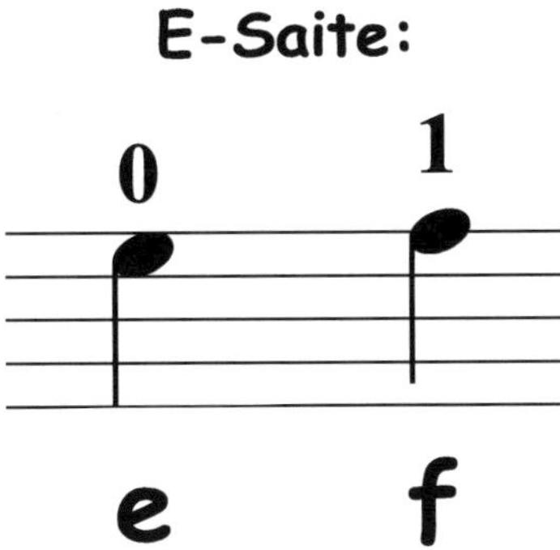

Bei den drei anderen Saiten setzt du den 1. Finger mit mehr Abstand zum Sattel auf und es entsteht der Beginn vom Lied »Alle meine Entchen«.

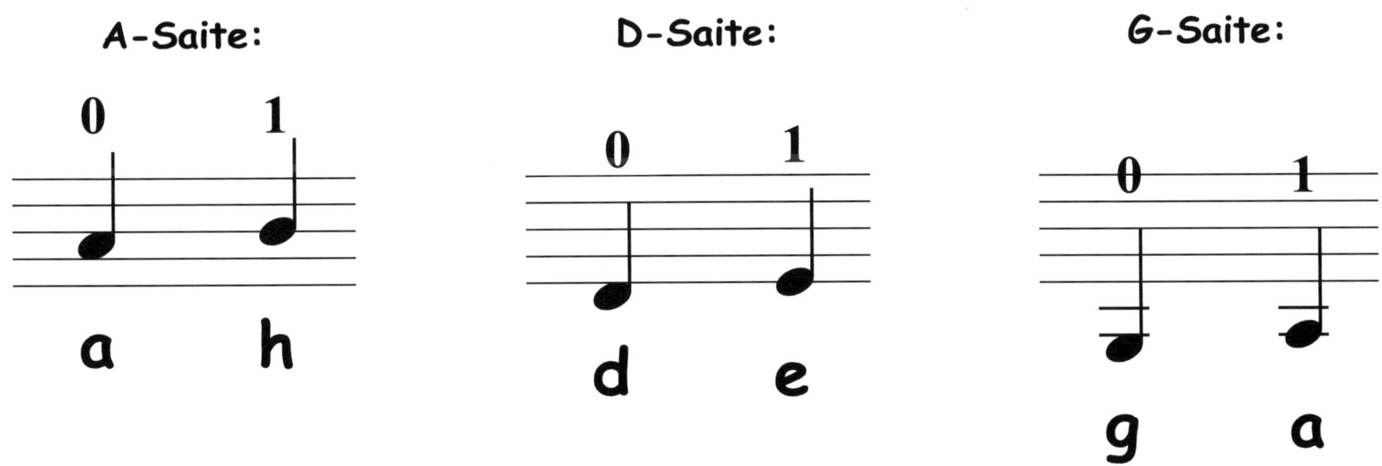

Vergleiche die Töne auch mit der Grifftabelle auf Seite 50!

G-Saite: Fingeraufsatz, Noten, Lieder

Lege deinen 2. und 3. Finger enger beisammen als die anderen Finger. Spielst du die Leersaite (0) und die Finger von 1 bis 4 nacheinander, entsteht bereits der Anfang des Liedes »Alle meine Entchen«.

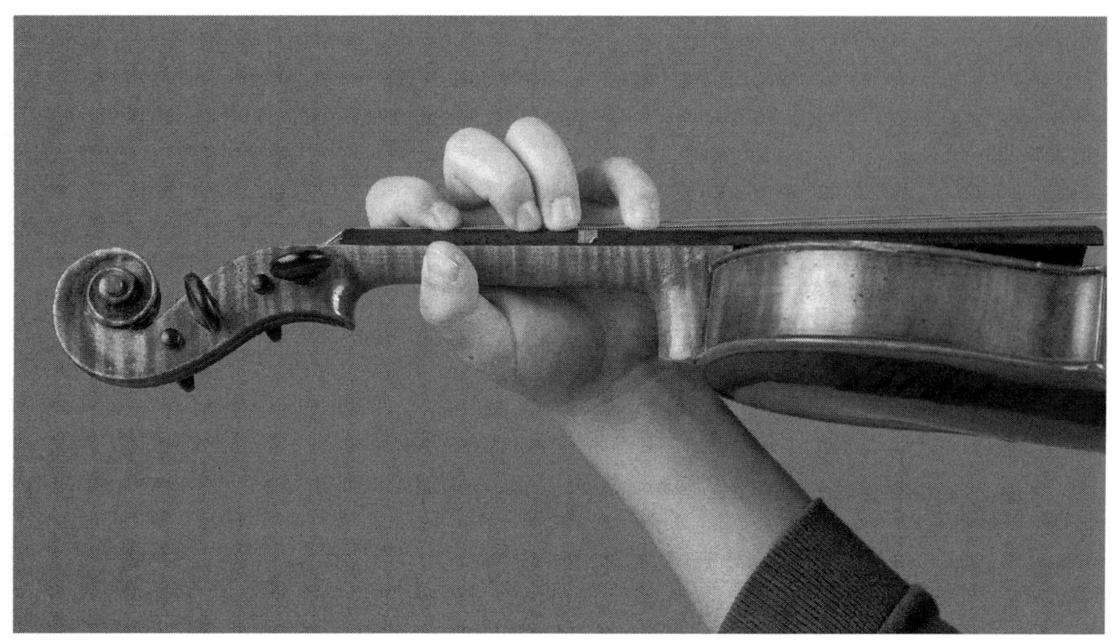

So verteilen sich die Ganztonschritte (große Sekunden) und der Halbtonschritt (kleine Sekunde) beim Anfang von »Alle meine Entchen« auf der G-Saite:

Ganztonschritt
oder **große Sekunde**

Halbtonschritt
oder **kleine Sekunde**

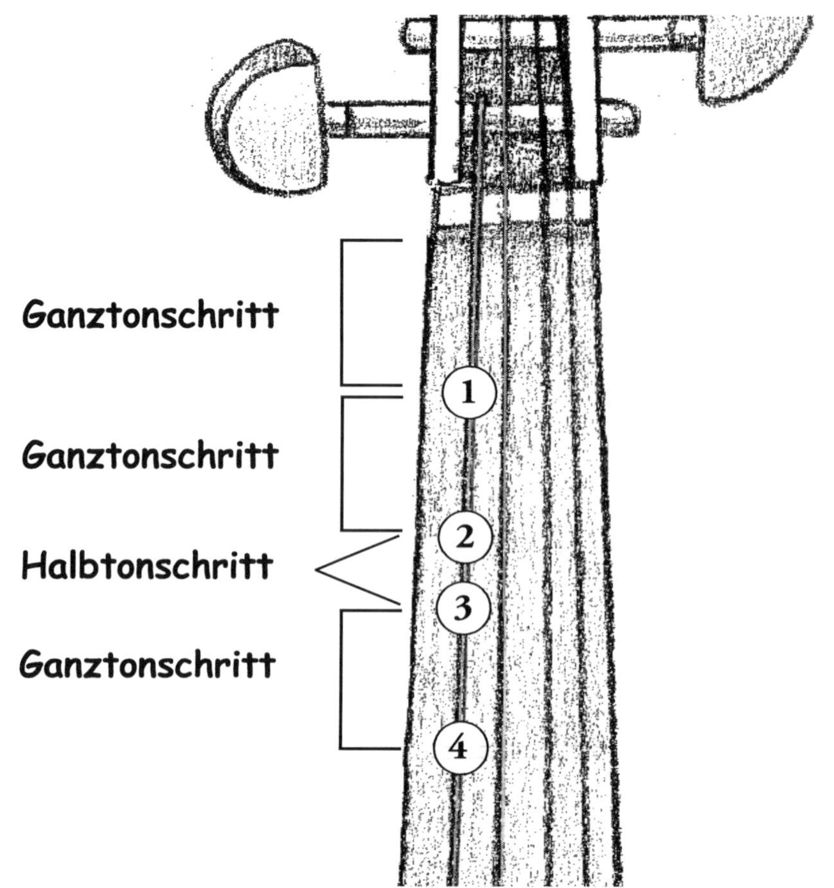

Notenschreibübung 1

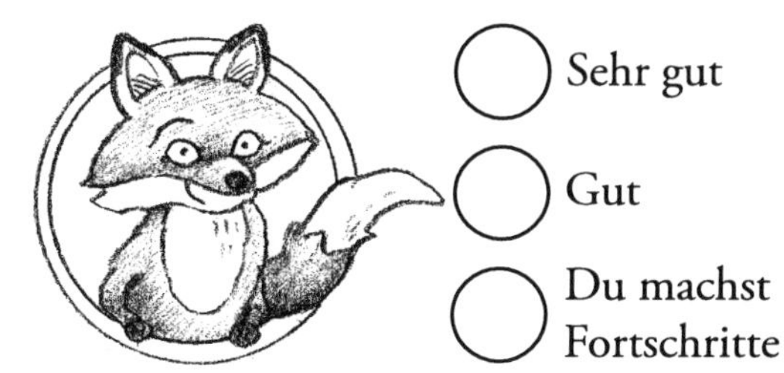

Schreibe im 2. Takt die fehlenden Noten in das System und darunter ihre Namen:

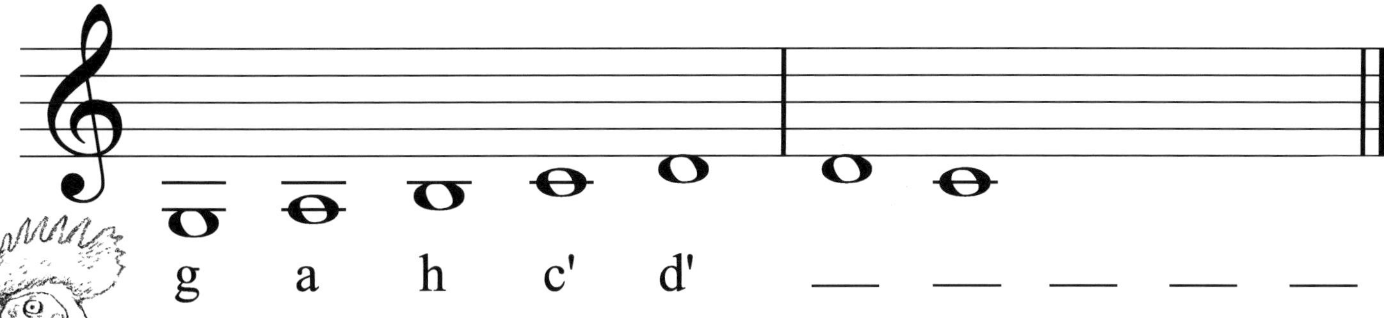

14. Das Hähnchen

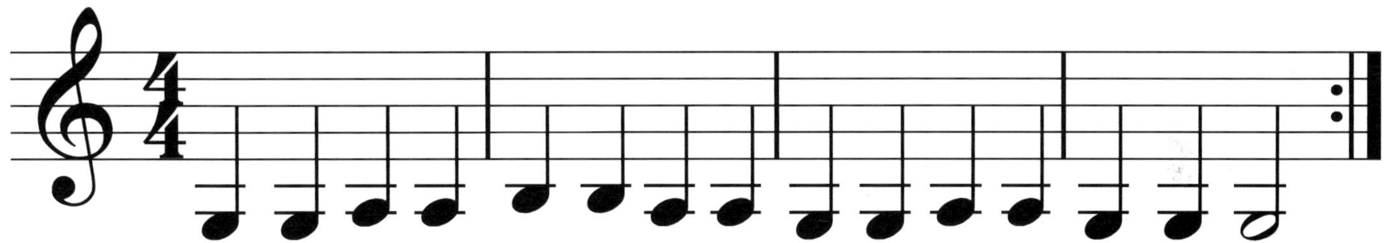

15. Ist ein Mann zum Brunn'gegangen*

Melodie: Petra Thun
Text: Gerd Kratzat (1. Strophe) u. Petra Thun (2. Strophe)

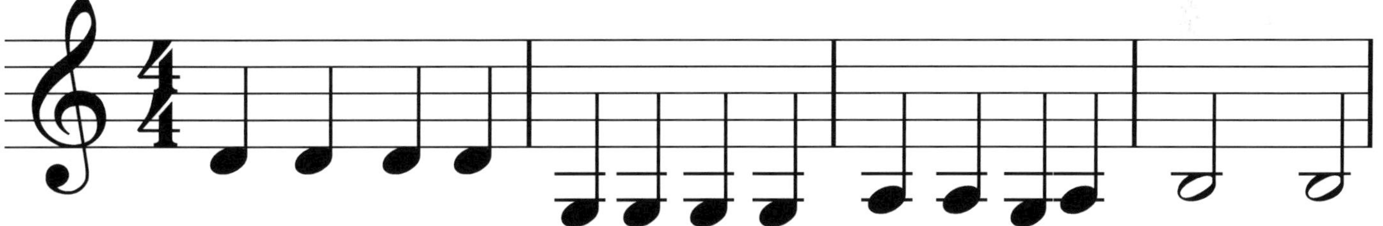

1.Ist ein Mann zum Brunn' ge - gan - gen, wollt' uns Was-ser brin - gen.
2.Ging ein Mann im Wald spa-zie-ren, hört' die Vö-gel sin - gen.

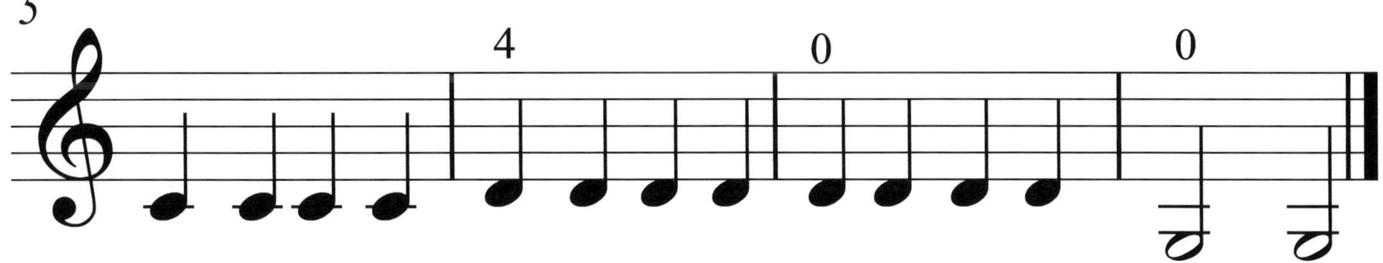

Wür - de er nicht so falsch sin-gen, könnt' es sehr schön klin - gen!
Wünsch - te, so zu ti - ri - lie-ren, 'swollt ihm nicht ge - lin - gen!

* Kombinierte Übung für rechte und linke Hand

16. Trat ich heute vor die Türe

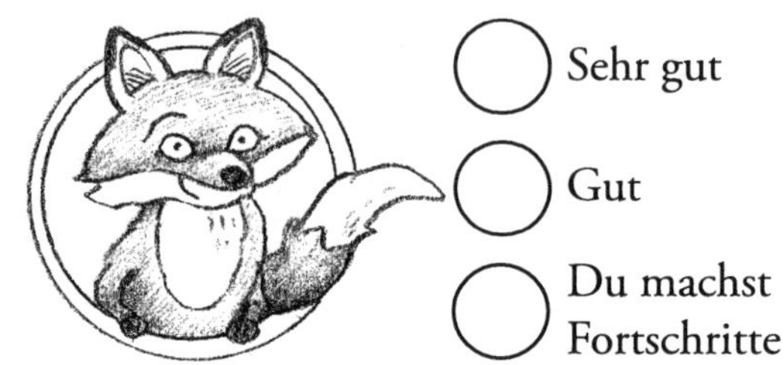

»Trat ich heute vor die Türe« kennst du ja bereits. Nun spielst du in der ersten Hälfte die Melodie! In der zweiten Hälfte übernimmst du die Begleitung und deine Lehrerin/dein Lehrer spielt die Melodie. Dann wird wiederholt und ihr spielt wieder gemeinsam die Singstimme.

Melodie: Heinz Lemmermann
Text: Christel Süssmann

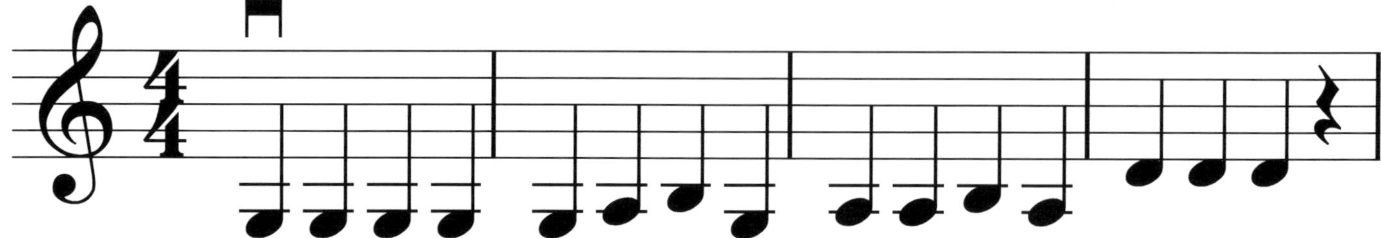

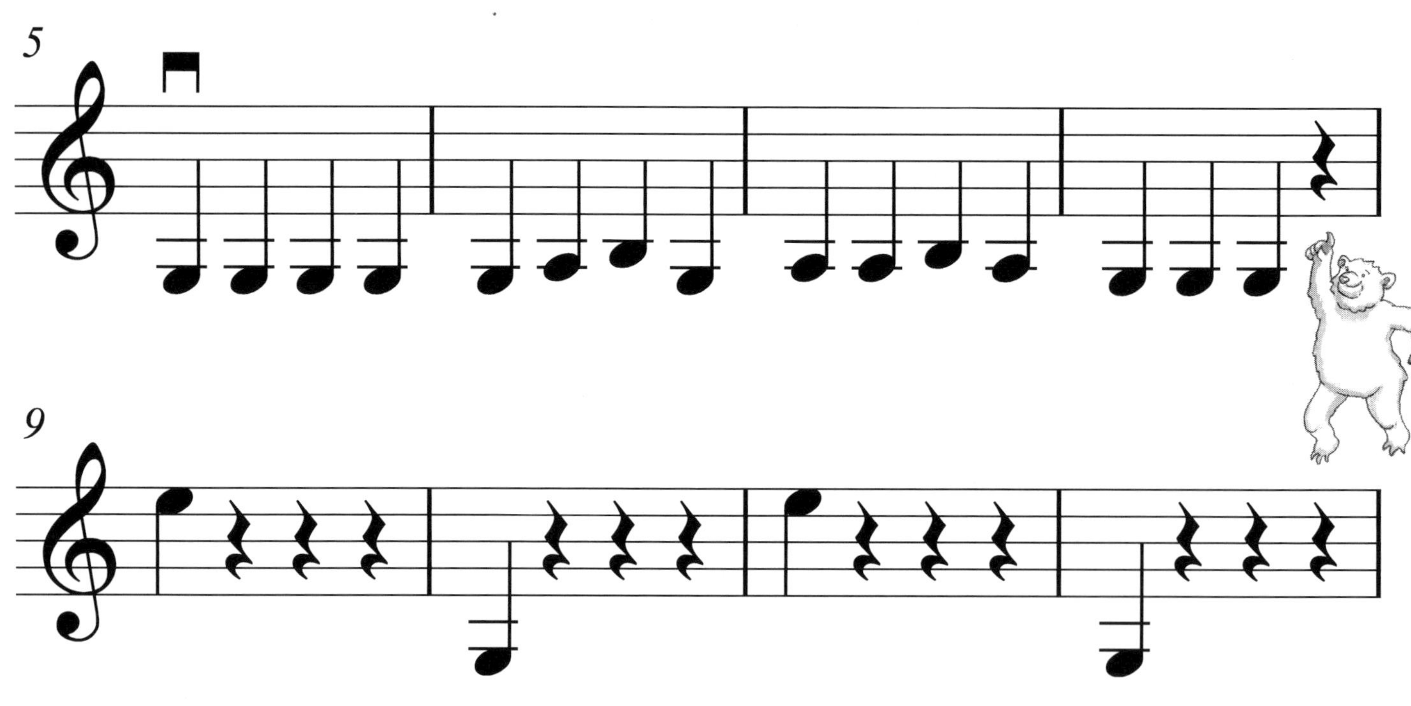

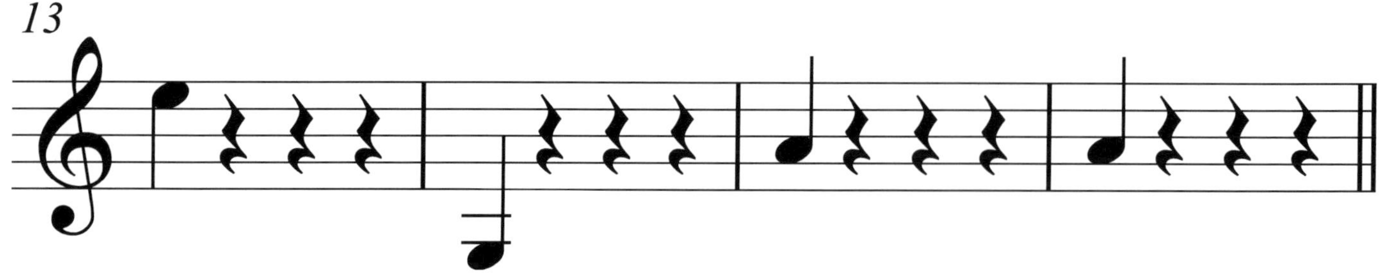

... und noch einmal von vorne bis zum Bären.

Von der Fidula-CD 4401 »Tanzlieder für Kinder« - (c) Fidula-Verlag

16. Trat ich heute vor die Türe (Melodie)

Melodie: Heinz Lemmermann, Text: Christel Süßmann

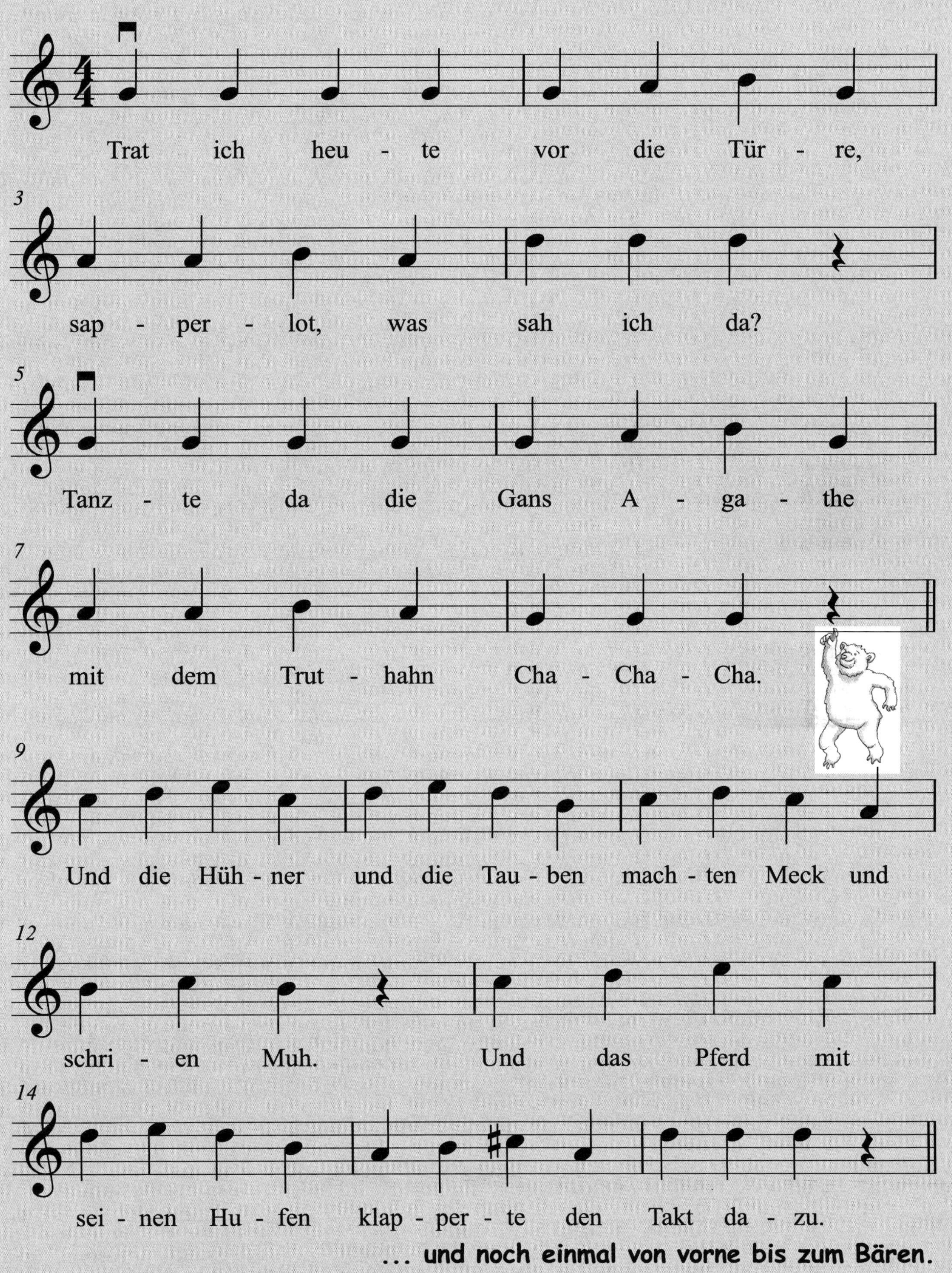

... und noch einmal von vorne bis zum Bären.

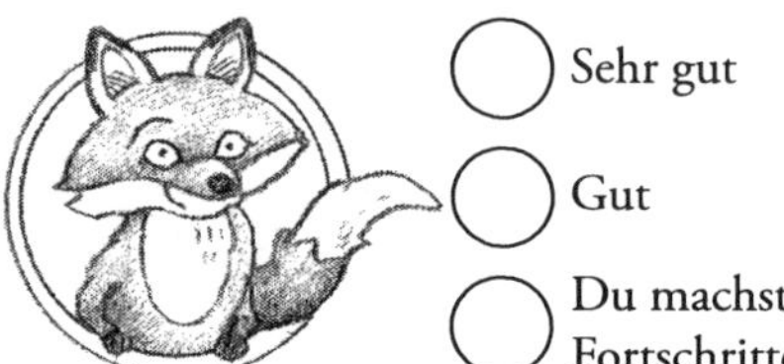

A-Saite: Fingeraufsatz, Noten, Lieder

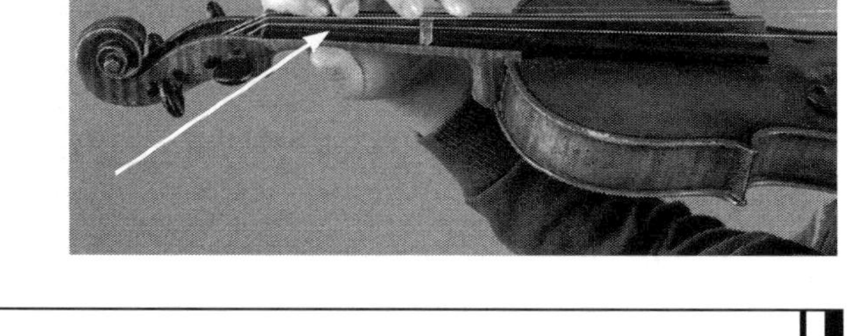

Notenschreibübung 2

1. und 2. Finger liegen dicht beieinander.

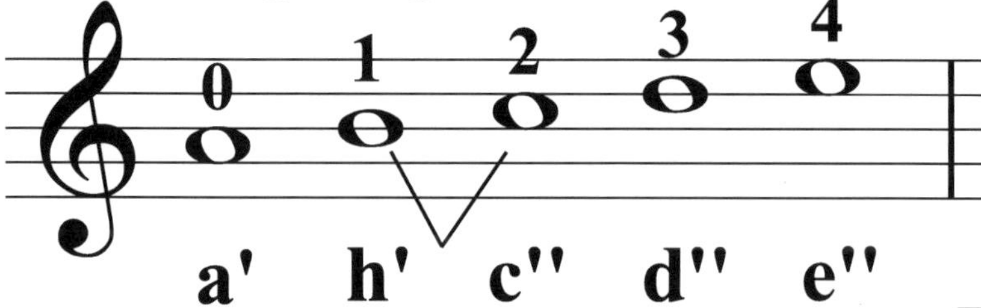

17. Wiegenlied

Aus Russland

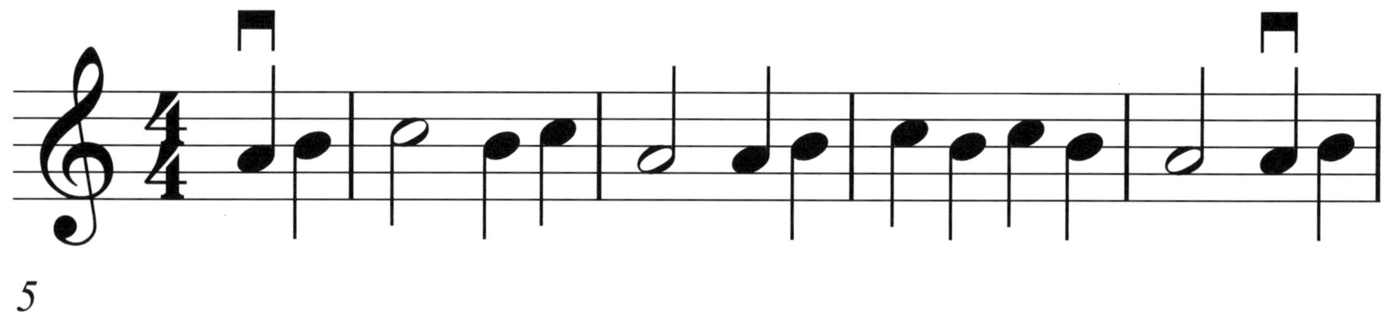

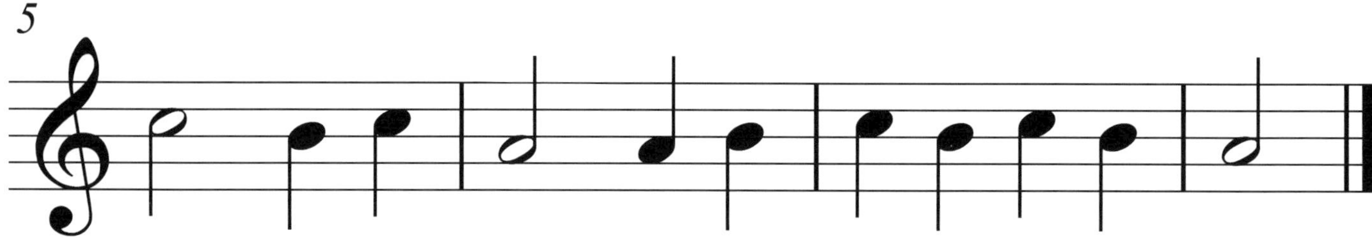

mp = mezzopiano (halbleise, ziemlich leise)

Halbtonschritte sind besondere Momente in der Musik. Sie drücken oft ein Seufzen oder Flehen aus.

18. Flieg nicht, Nachtigall

Aus Russland

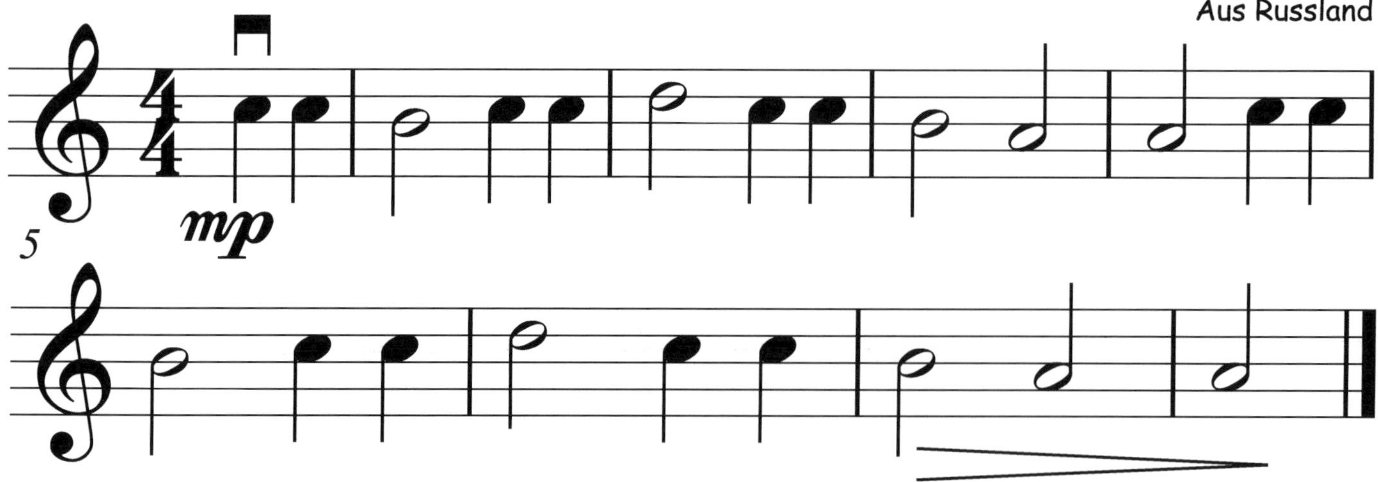

19. Das Hähnchen

Aus Russland

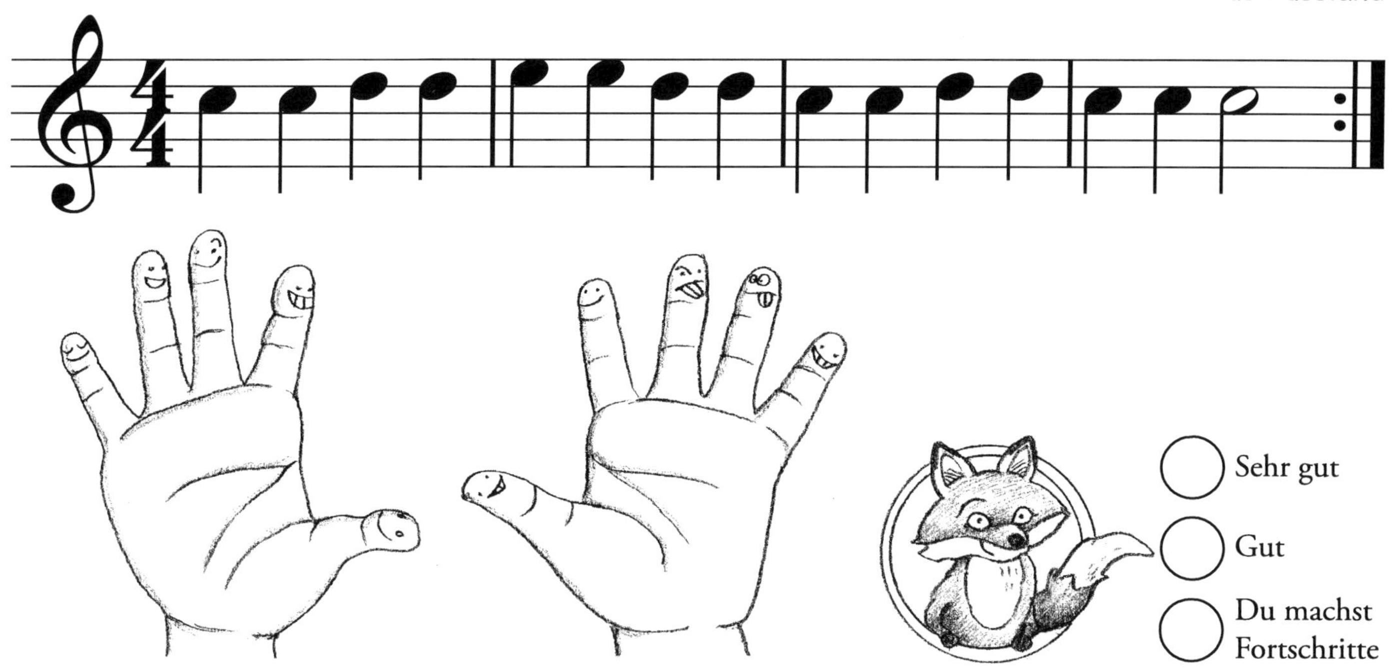

20. Zehn kleine Zappelmänner

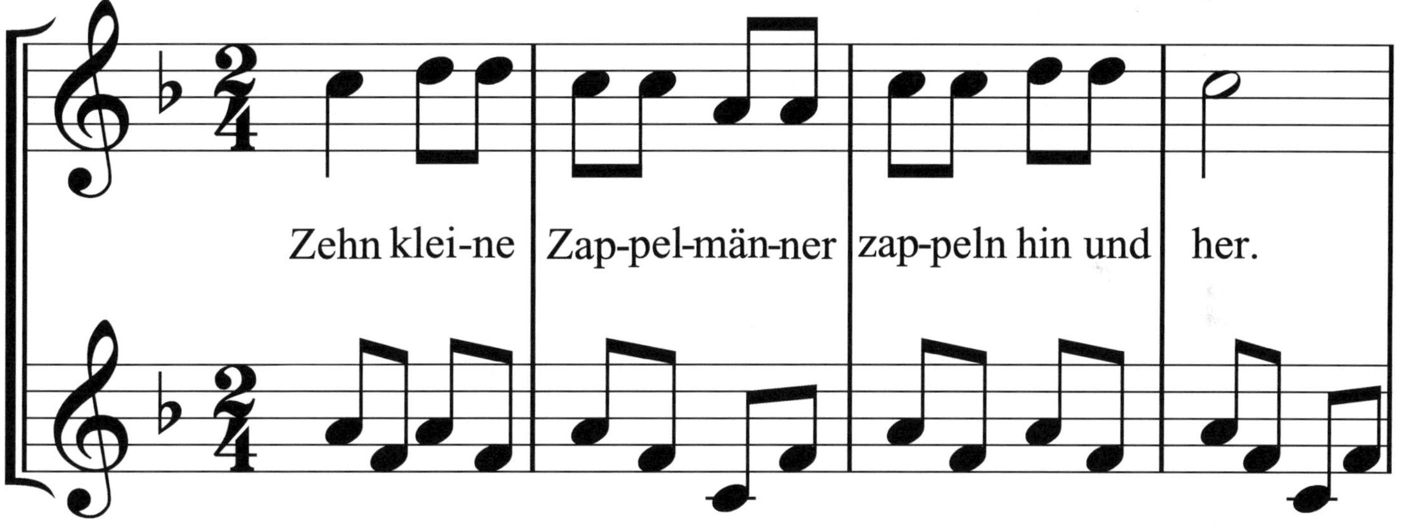

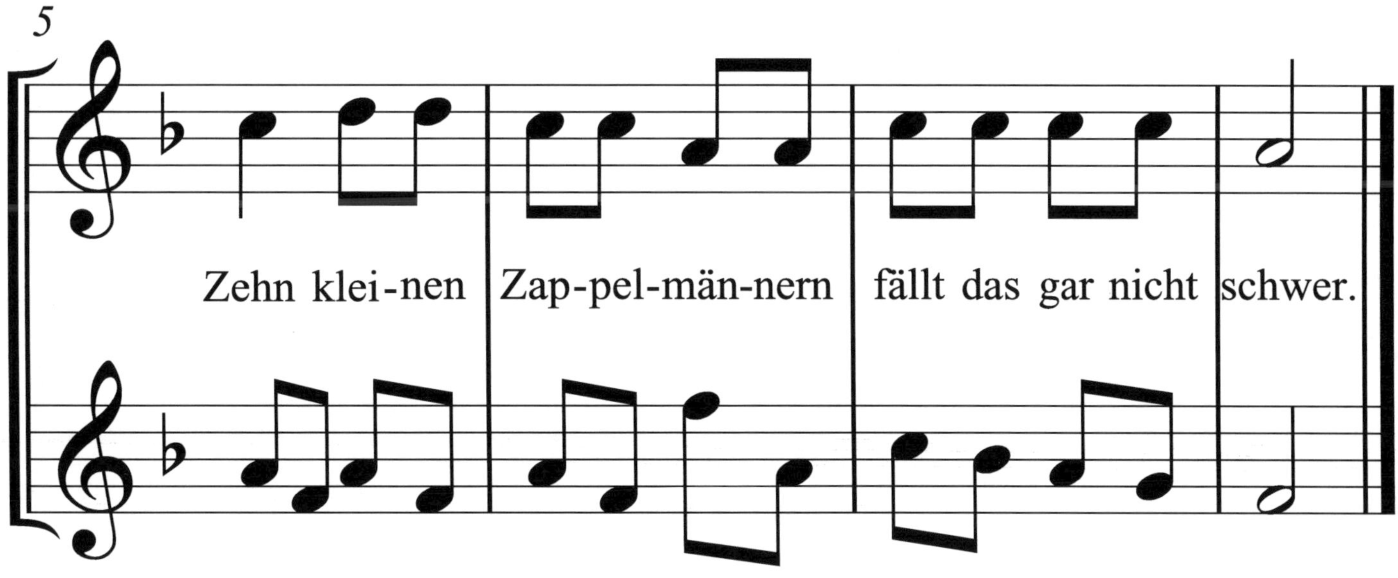

Die punktierte Halbe Note

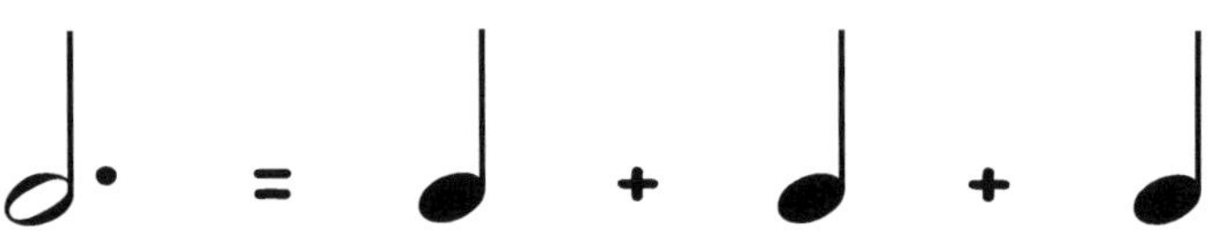

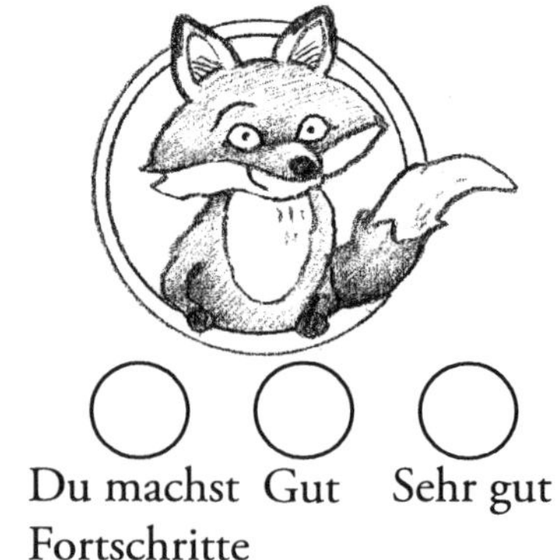

Bogenstriche mit unterschiedlicher Geschwindigkeit

21. Trauriger Walzer

Petra Thun

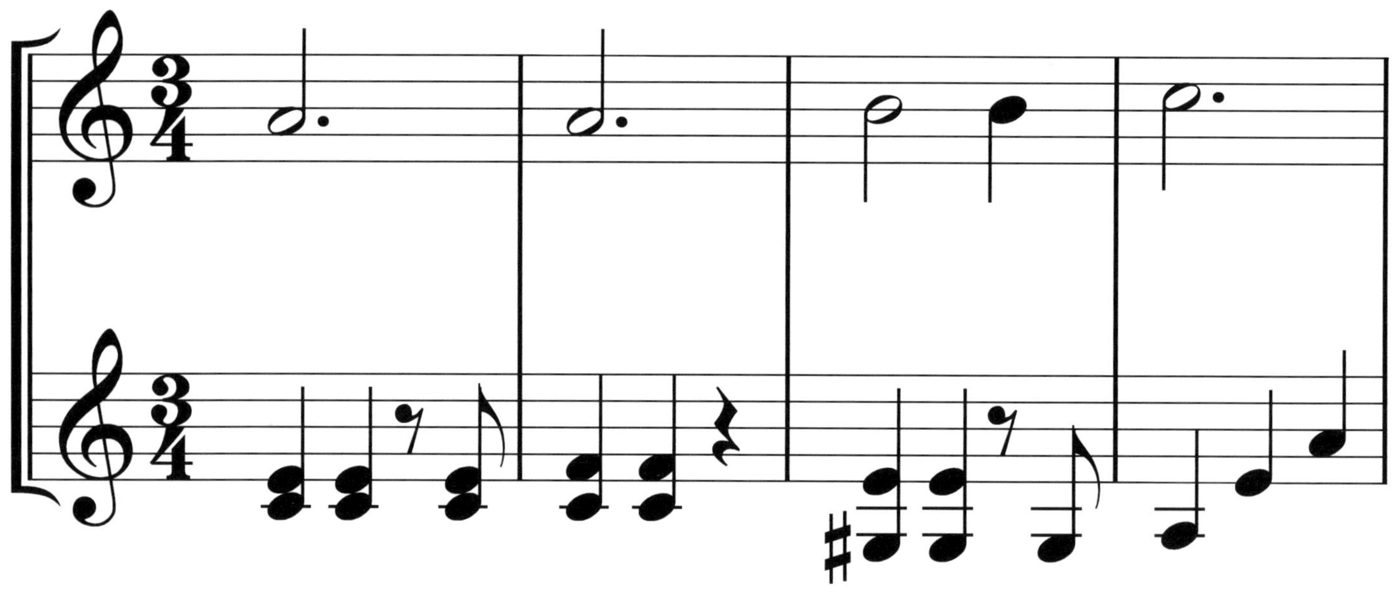

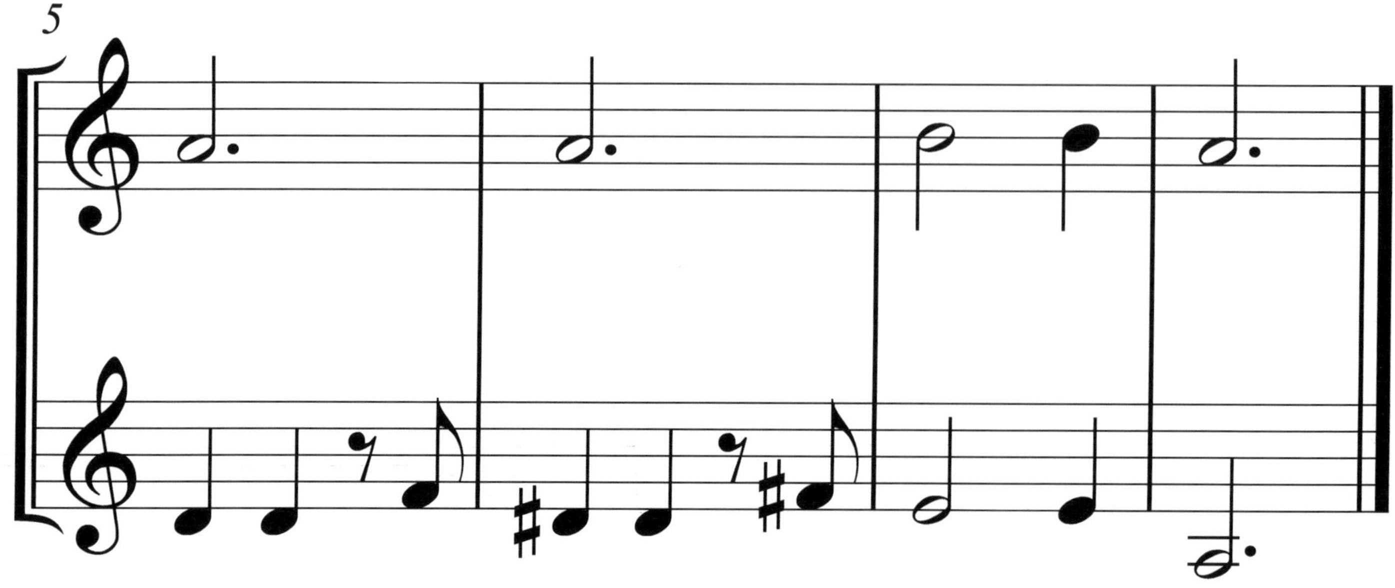

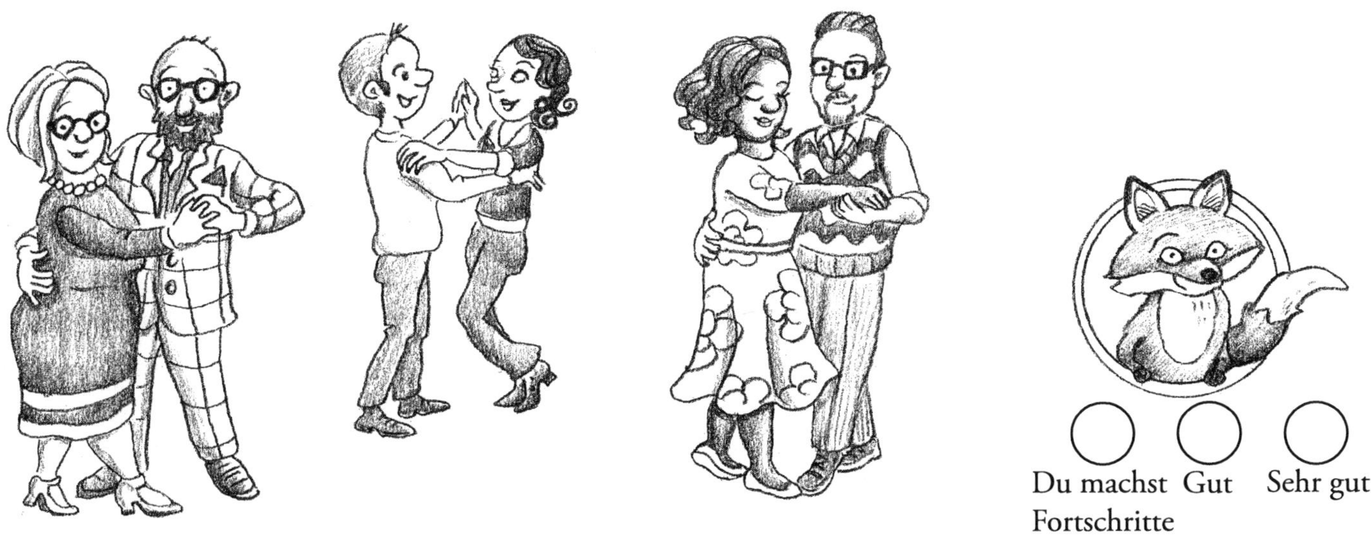

22. Traurig und fröhlich

Petra Thun

(Inspiriert durch den Charakter alter, griechischer Volkslieder)

1. Stimme

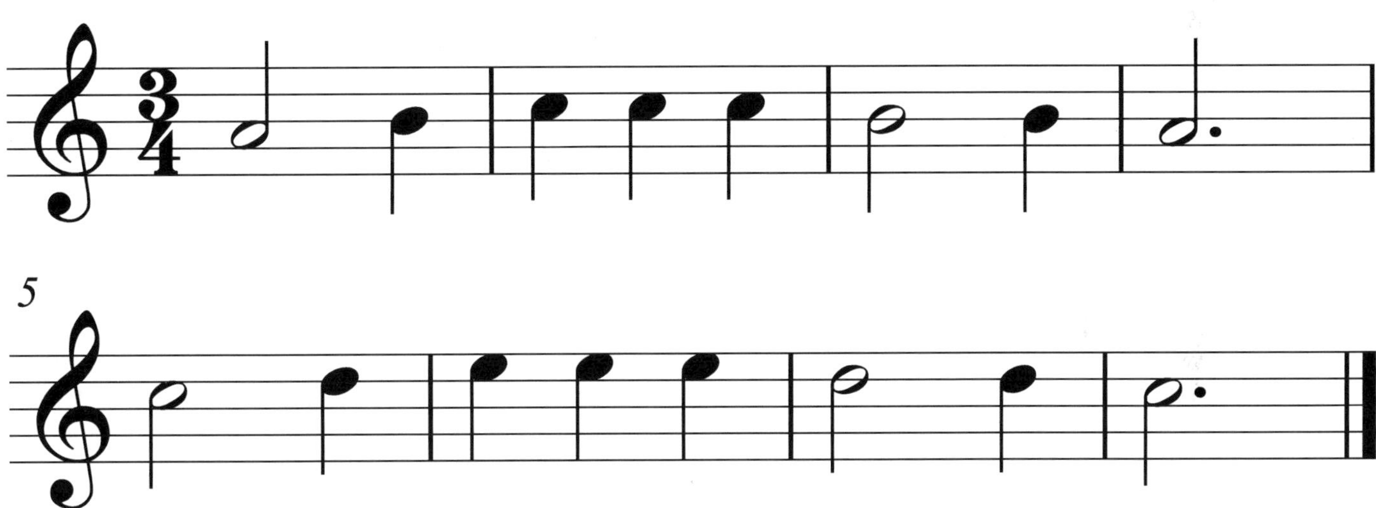

2. Stimme

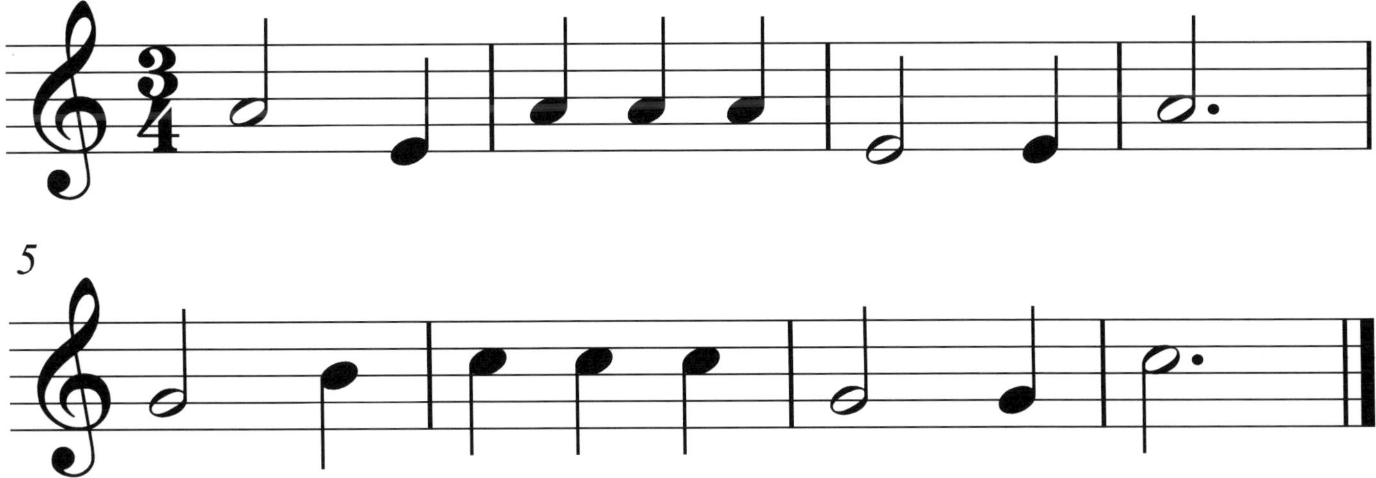

D-Saite: Fingeraufsatz, Noten, Lieder

Setze die Finger genauso auf wie auf der A-Saite. Achte darauf, dass dein linker Ellenbogen beweglich bleibt und sich im Winkel jeder Saite anpasst! Beim Saitenwechsel gehst du also aus der Schulter ein klein wenig mit. Aber gerade nur so viel wie nötig.

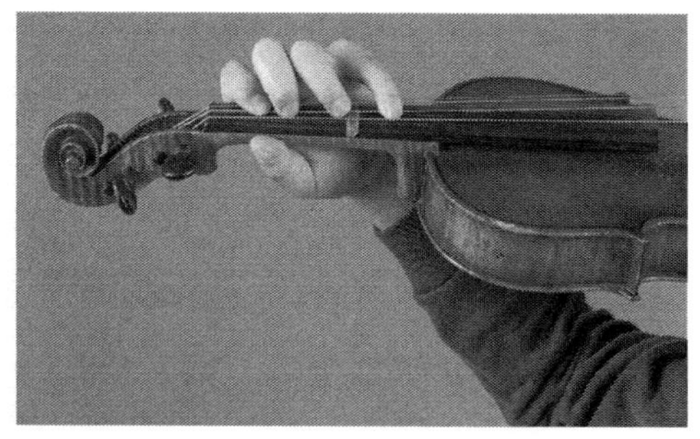

Notenschreibübung 3

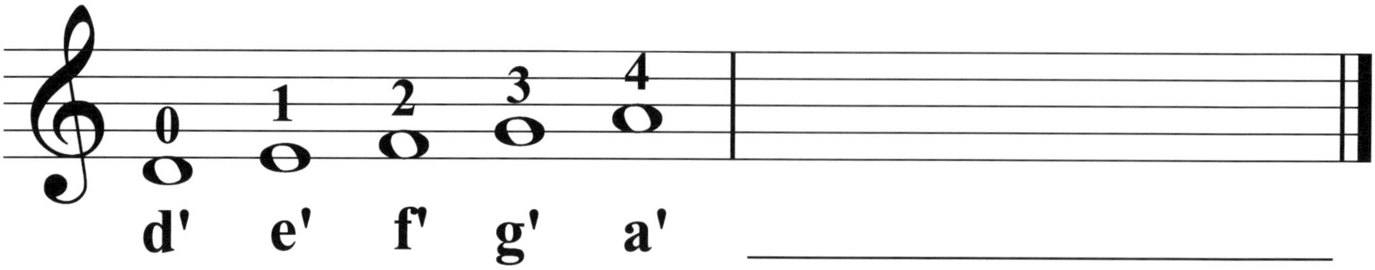

0 1 2 3 4

d' e' f' g' a' ____________________

23. Wiegenlied

Aus Russland

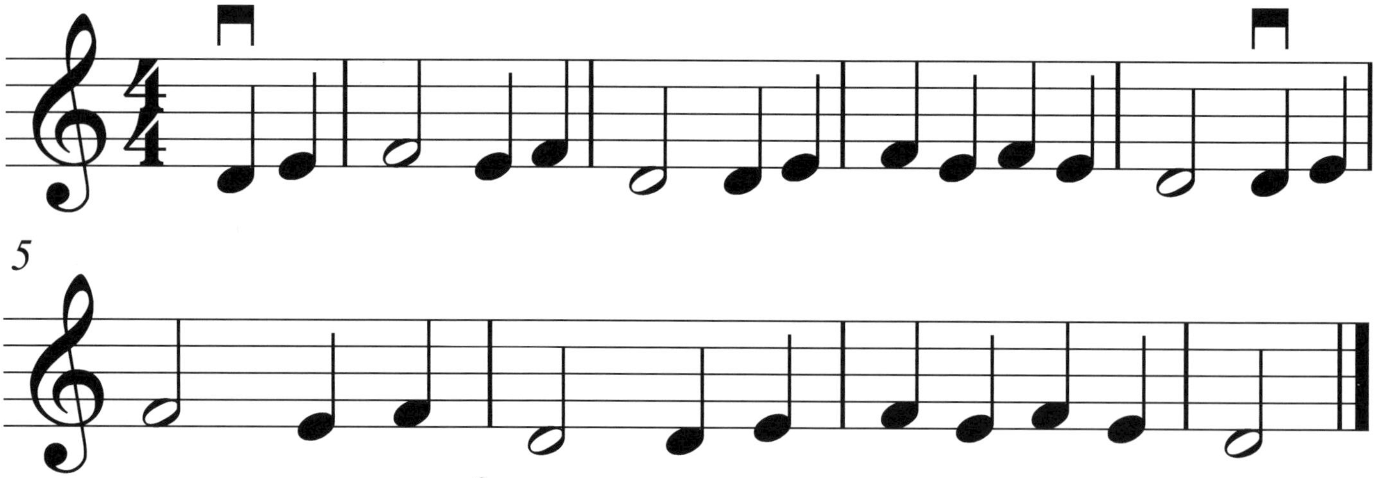

5

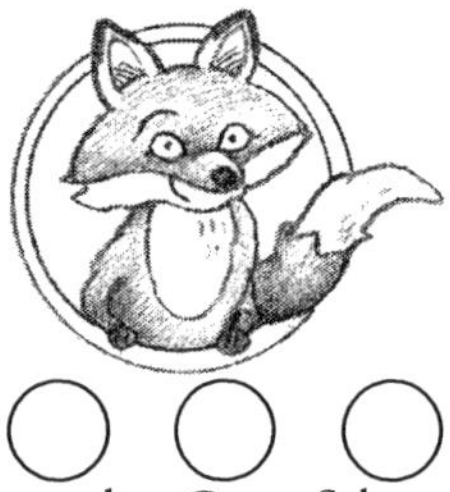

24. Thema aus einem Menuett von Mozart

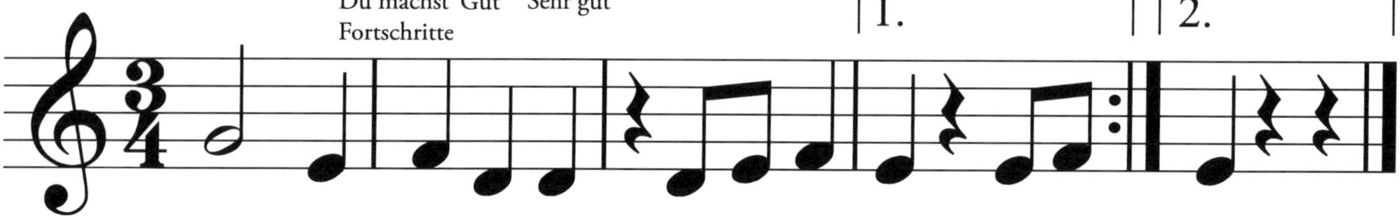

Du machst Fortschritte · Gut · Sehr gut

1. 2.

2. Stimme

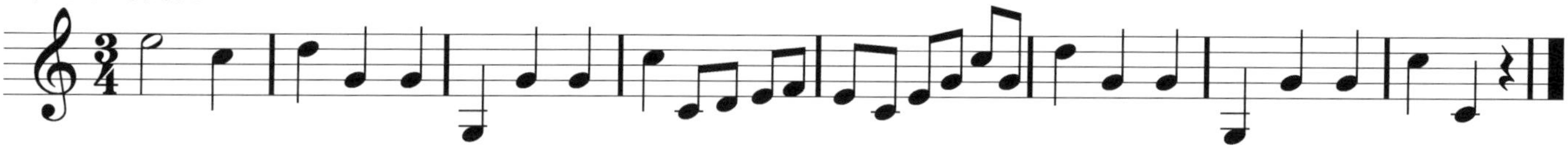

Vorübung für die vier Finger und den Bogen auf der D-Saite

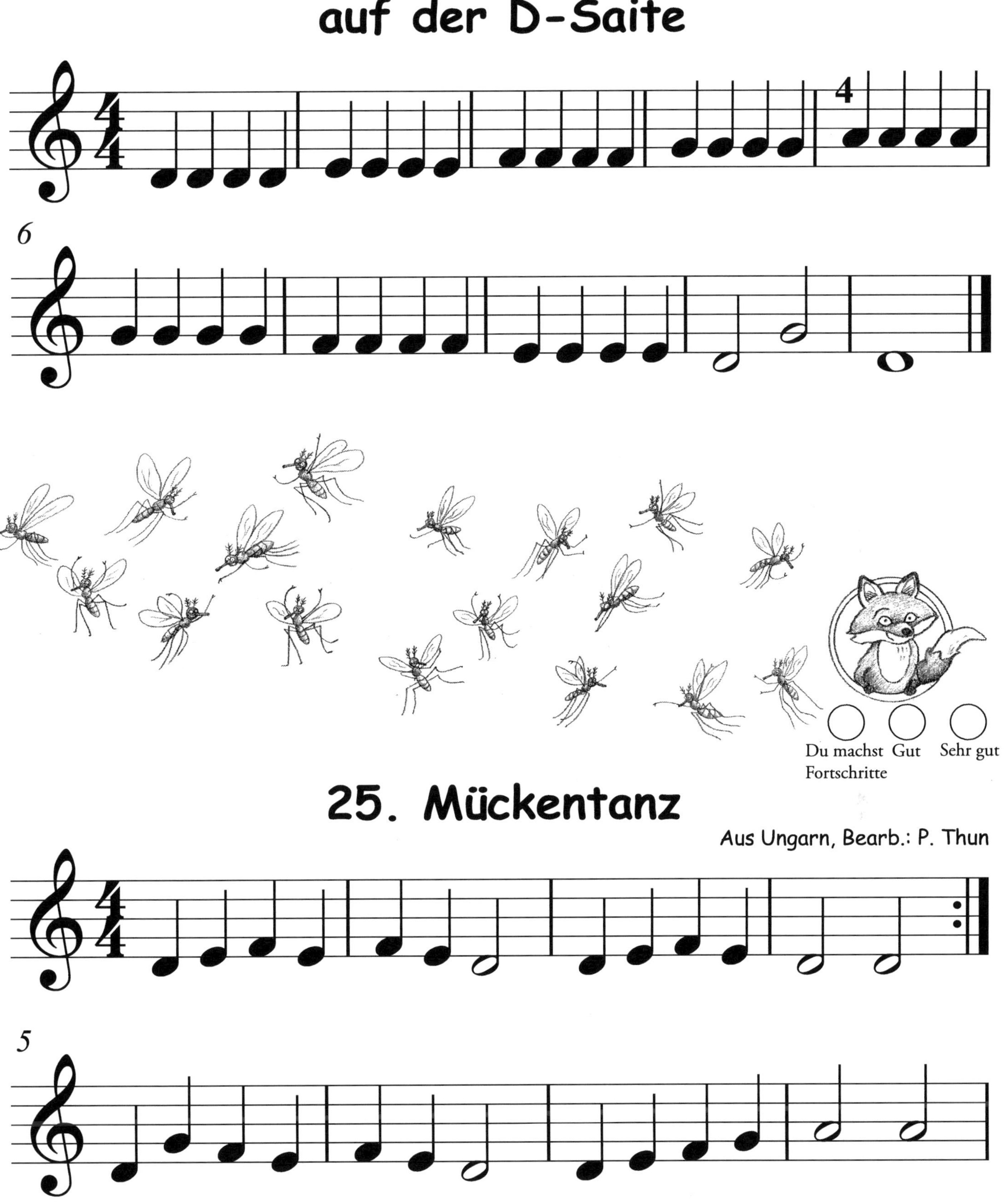

25. Mückentanz

Aus Ungarn, Bearb.: P. Thun

E-Saite: Fingeraufsatz, Noten, Lieder

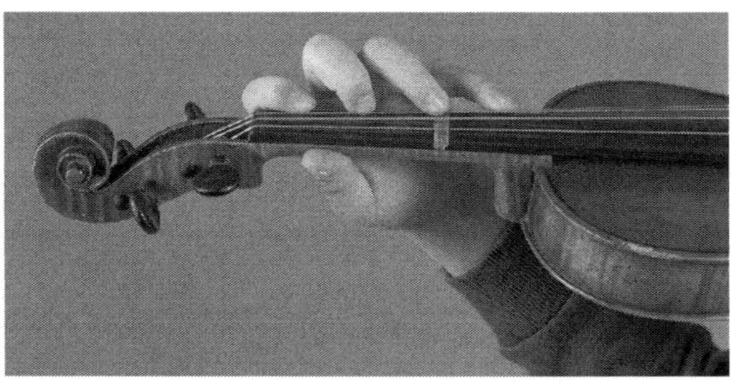

Bei der e''-Saite musst du deinen 1. Finger fast bis an den Sattel zurückziehen, da die Töne »e''« und »f''« nur einen Halbtonschritt von einander entfernt sind. Die leere Saite und der 1. Finger liegen sozusagen ganz dicht beieinander. Alle anderen Finger liegen weit auseinander.

Notenschreibübung 4

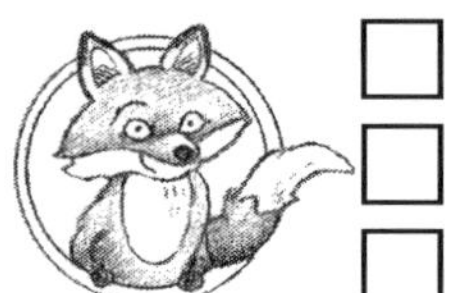

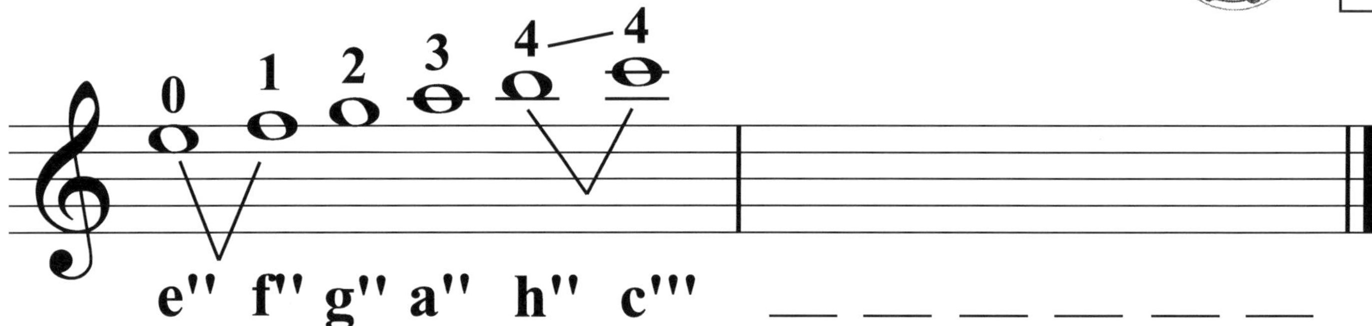

26. Arre Caballito (Schaukelpferd)

Aus Spanien

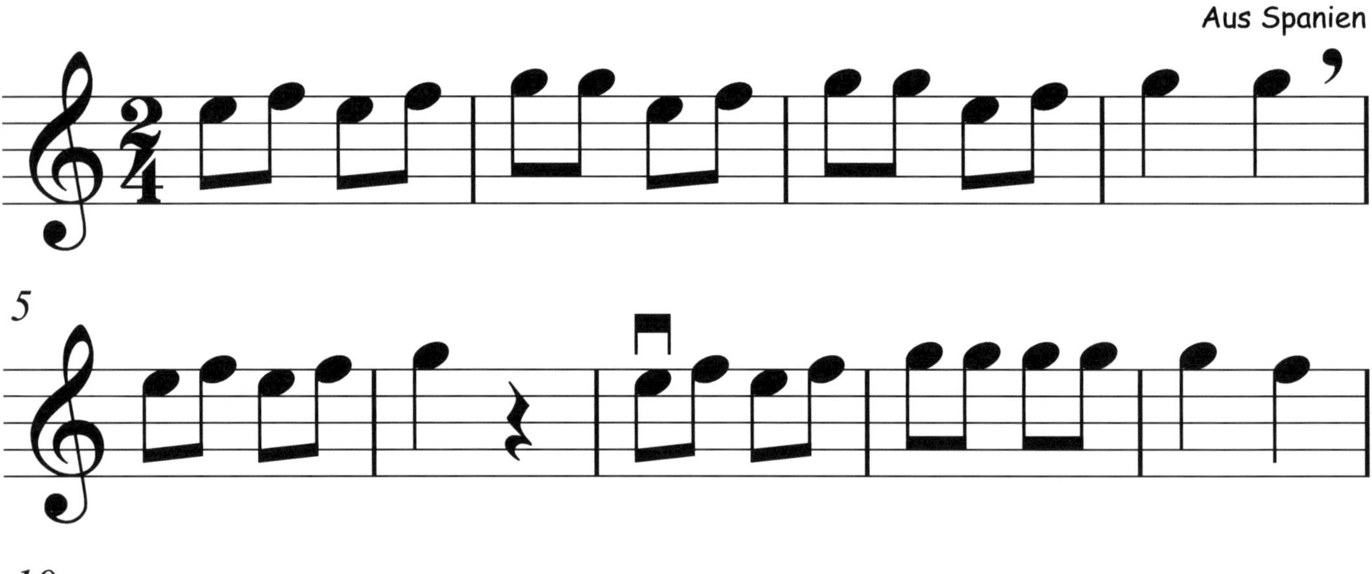

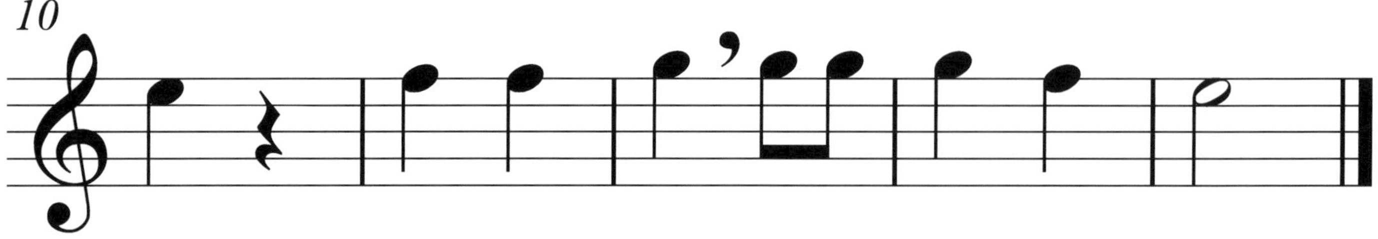

2. Stimme

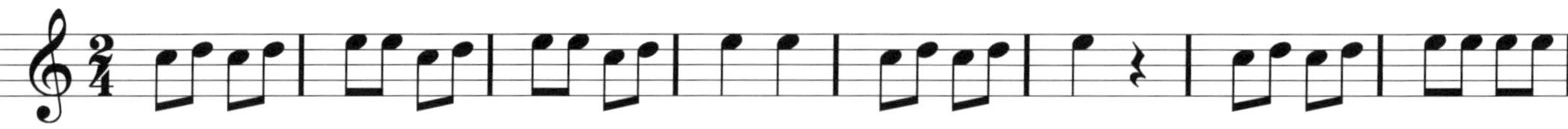

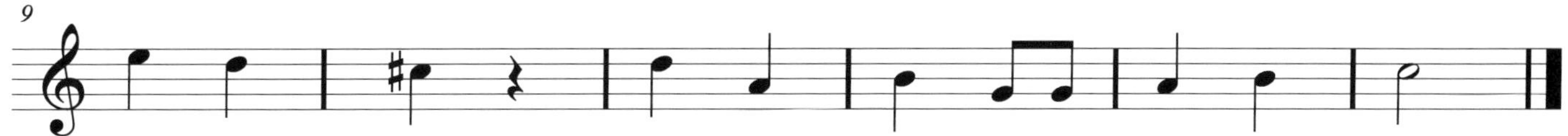

Bindebögen

Jeweils zwei Töne werden gebunden!

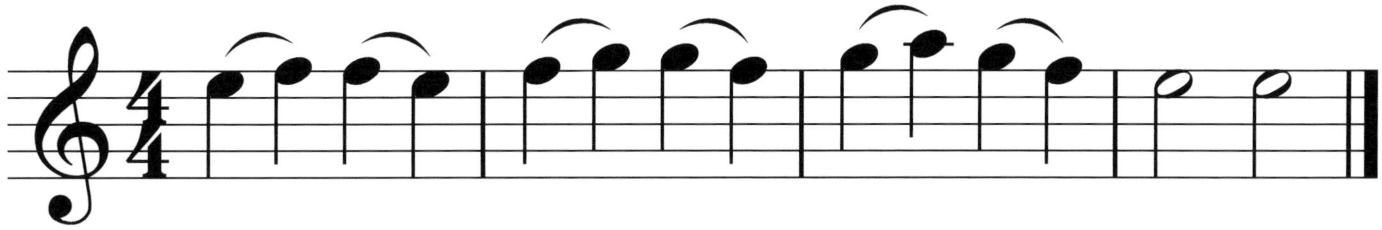

f = forte (kräftig, laut)

< = crescendo (lauter werden)

mf = mezzoforte (mittellaut)

> = decrescendo (leiser werden)

p = leise

27. Durch den Garten schleicht ein Häschen

Aus Russland

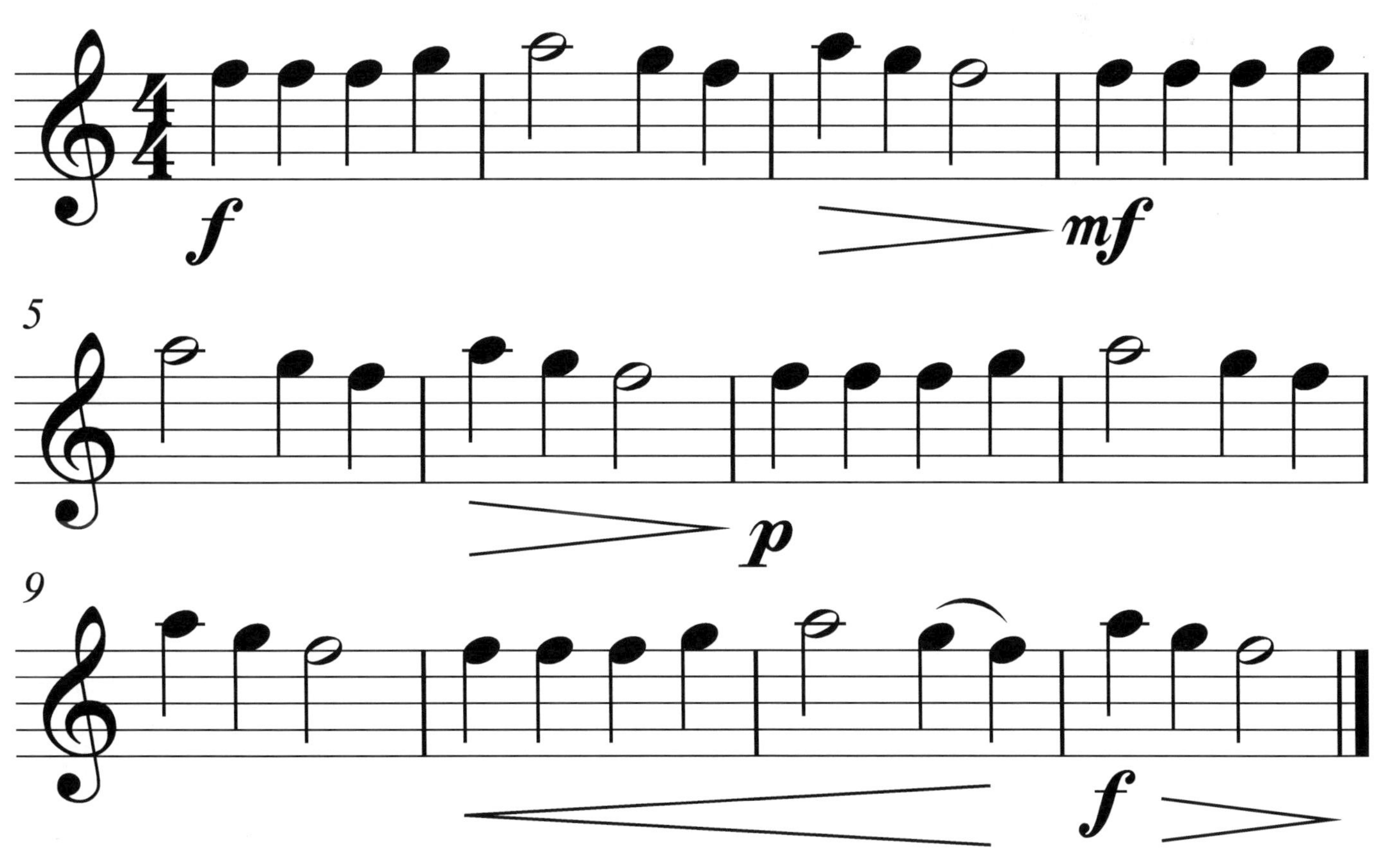

Das Griffbrett von oben (Aufsicht)

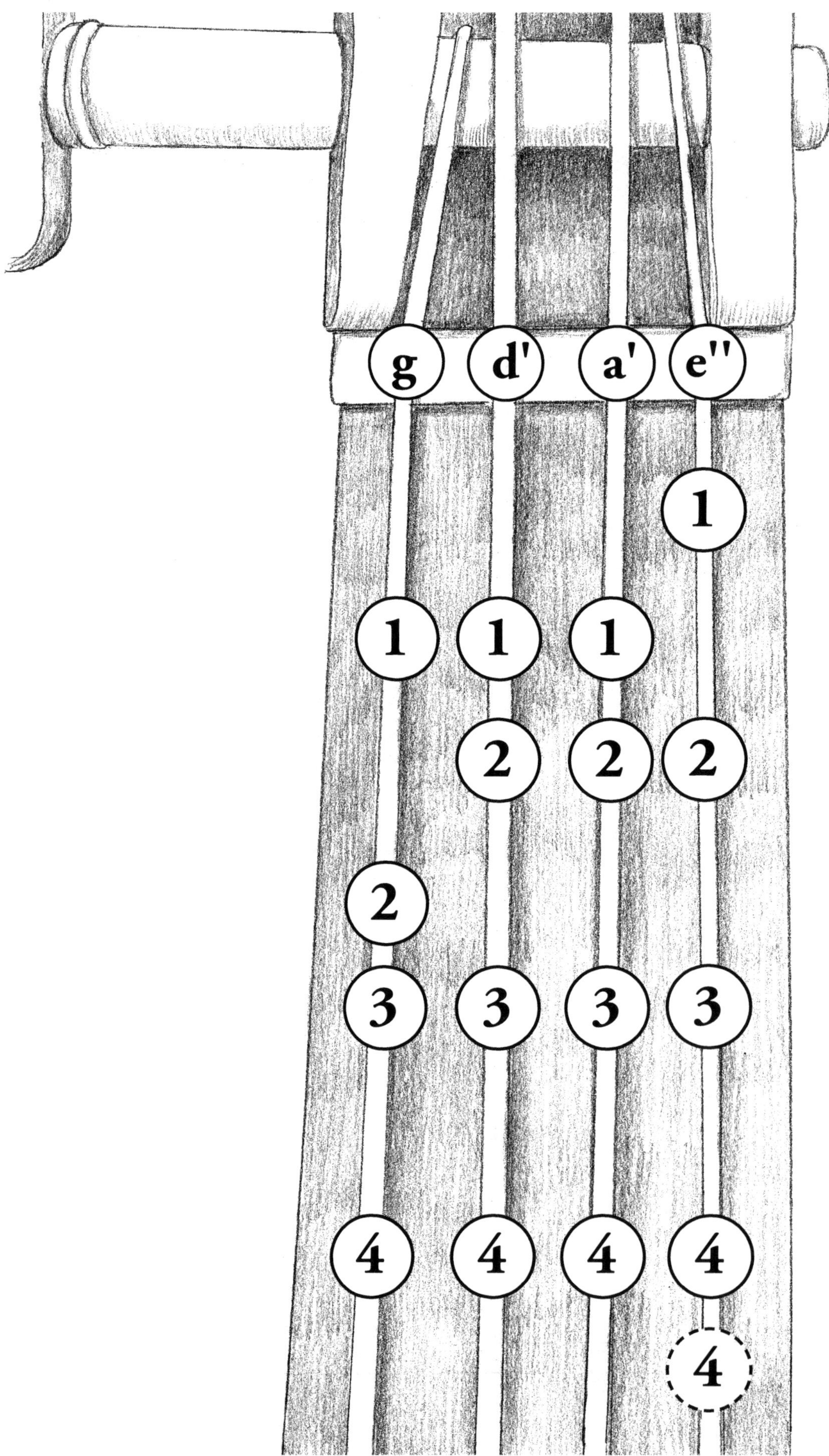

Deutsche und internationale Notennamen

Du hast nun schon alle Stammtöne kennengelernt. Aus den Stammtönen wird auch die C-Dur-Tonleiter gebildet. So wird sie notiert:

International werden die Stammtöne auch mit den Silben Do - Re - Mi - Fa - Sol - La - Si (Ti) - Do bezeichnet.

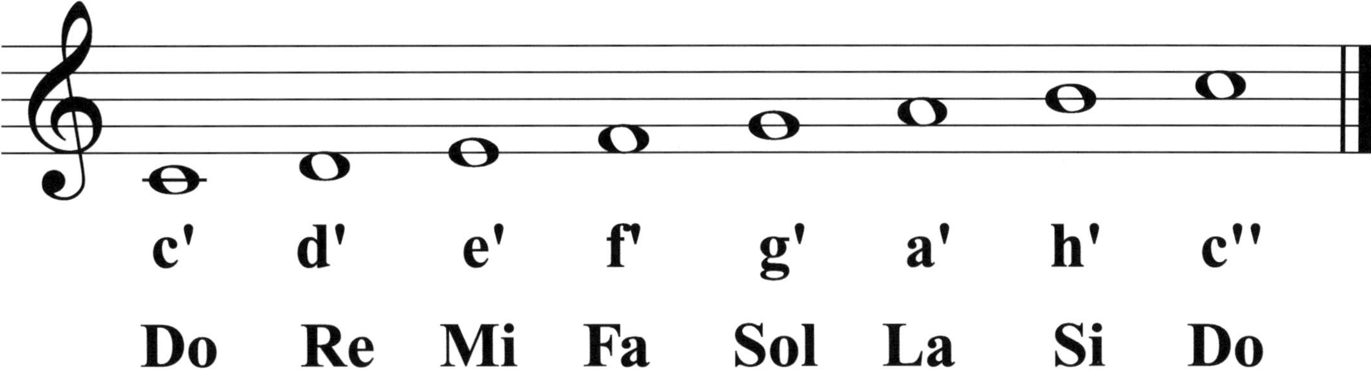

c'	d'	e'	f'	g'	a'	h'	c''
Do	**Re**	**Mi**	**Fa**	**Sol**	**La**	**Si**	**Do**

Die internationalen Tonnamen lassen sich sehr gut sprechen und singen. Probiere es doch einmal aus. Lerne die Silben auswendig und spreche sie vorwärts und rückwärts. Dann singe sie ebenfalls vorwärts und rückwärts.

Kapitel 7: Stücke mit Saitenübergängen/ Saitenwechsel

Zusätzliche Stücke für die Wiederholung der G-Saite / Übergang zur D-Saite / Tonsprünge

28. Der Eisbär

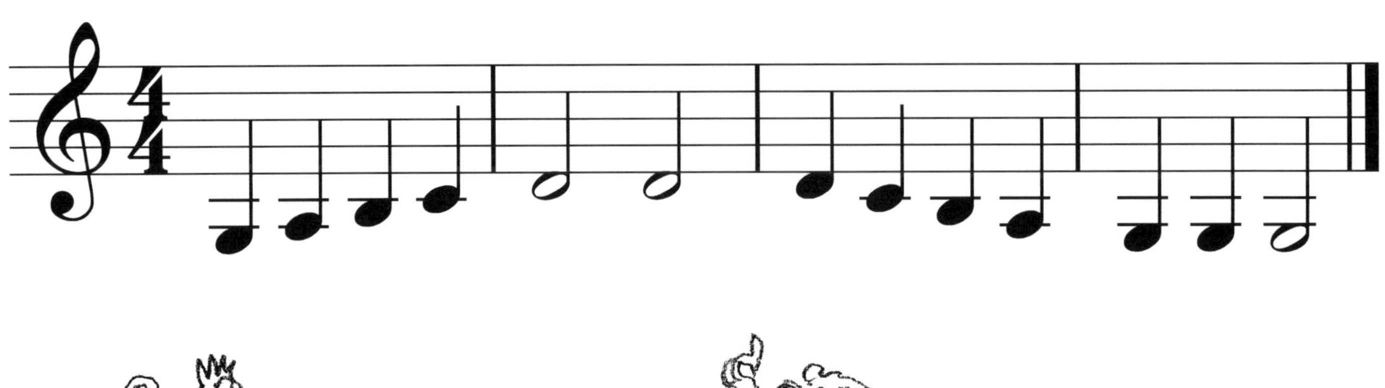

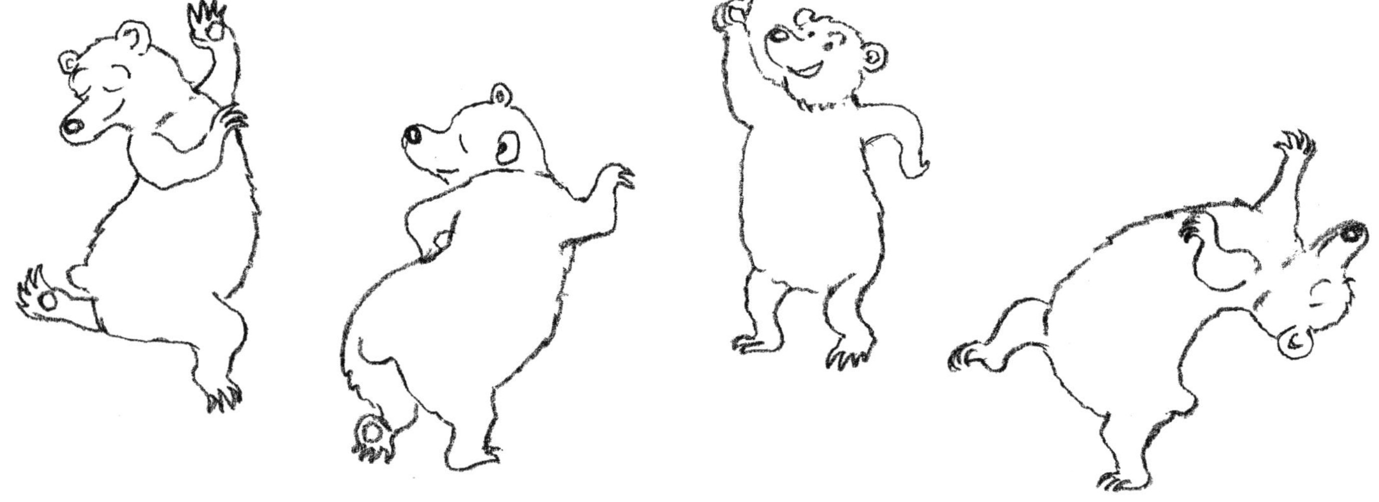

29. Bärentanz

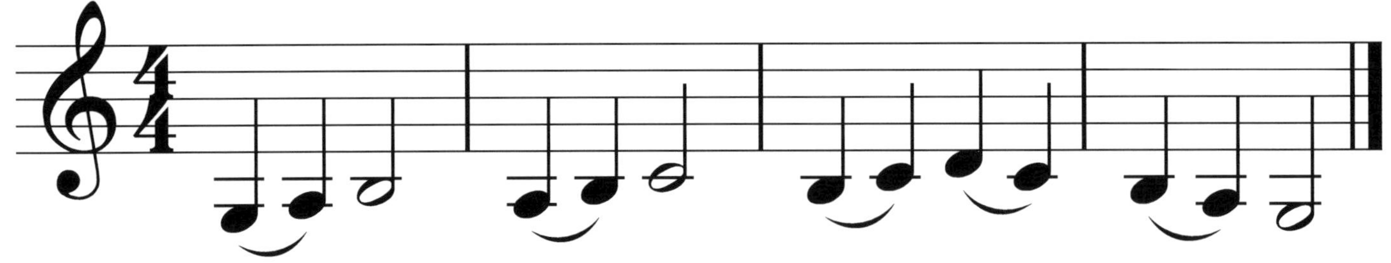

30. Die Bärenkinder spielen »Verstecken«

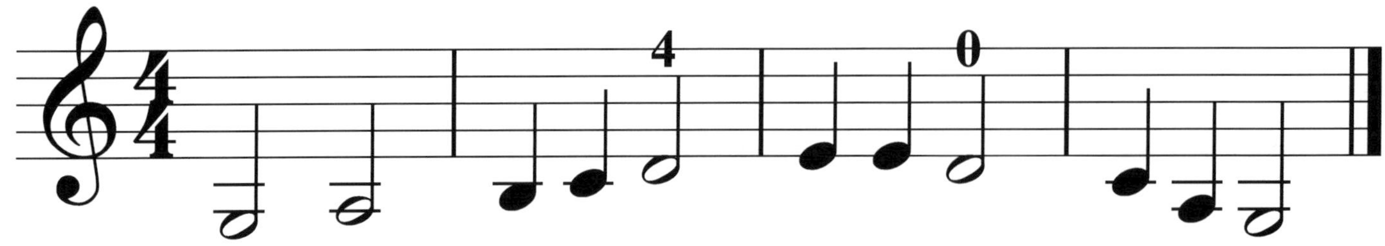

31. Sie laufen wild und toll - und plötzlich ist schon Schlafenszeit!

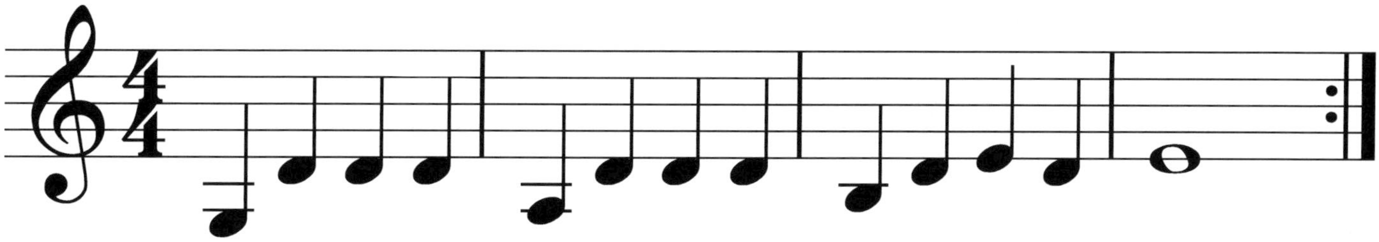

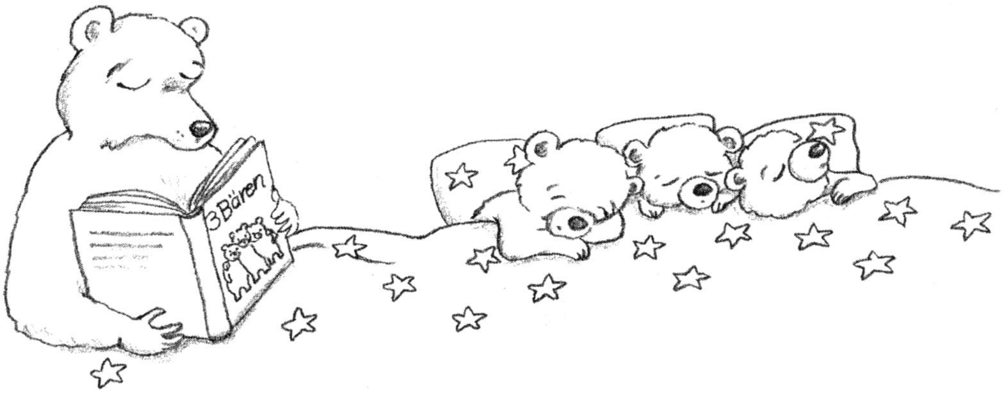

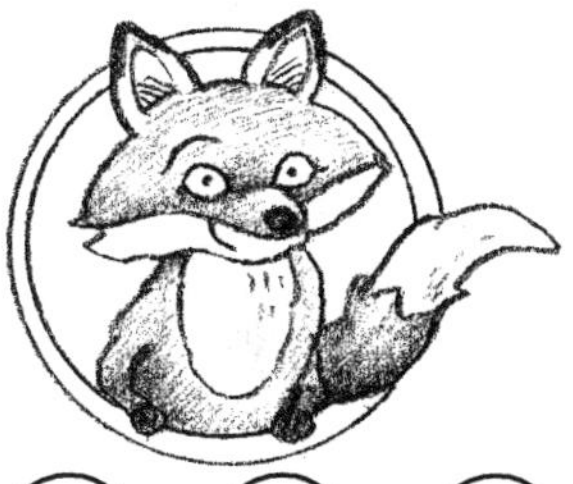

32. Papa Bär liest eine Gutenachtgeschichte

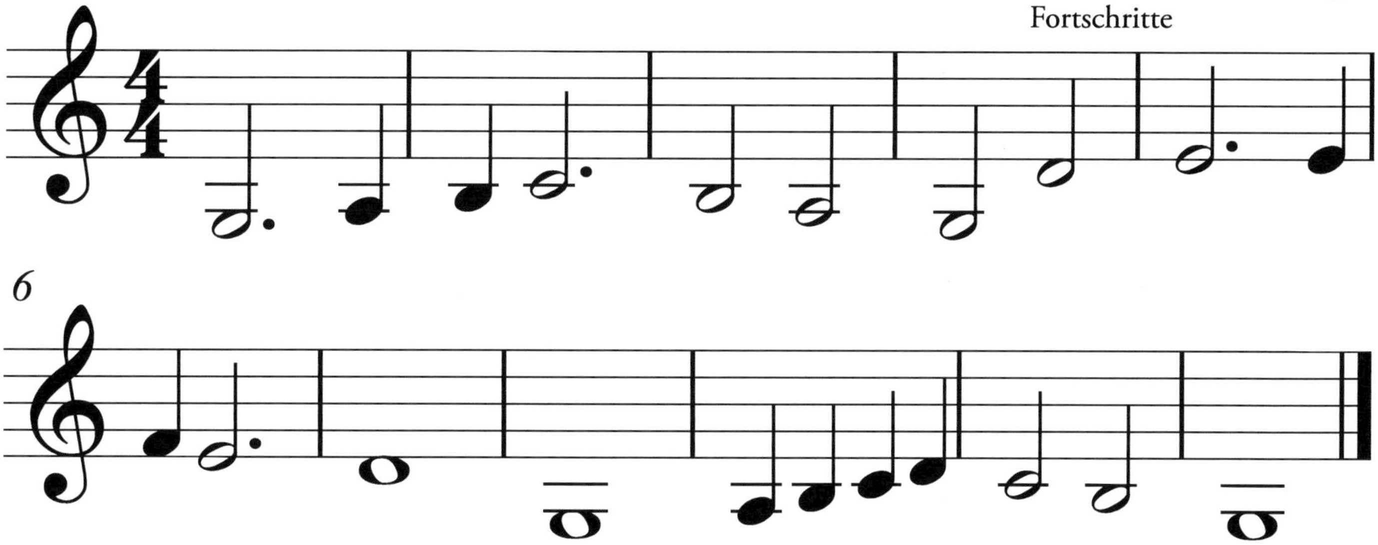

Du machst Fortschritte | Gut | Sehr gut

33. Die Bärenkinder sind eingeschlafen

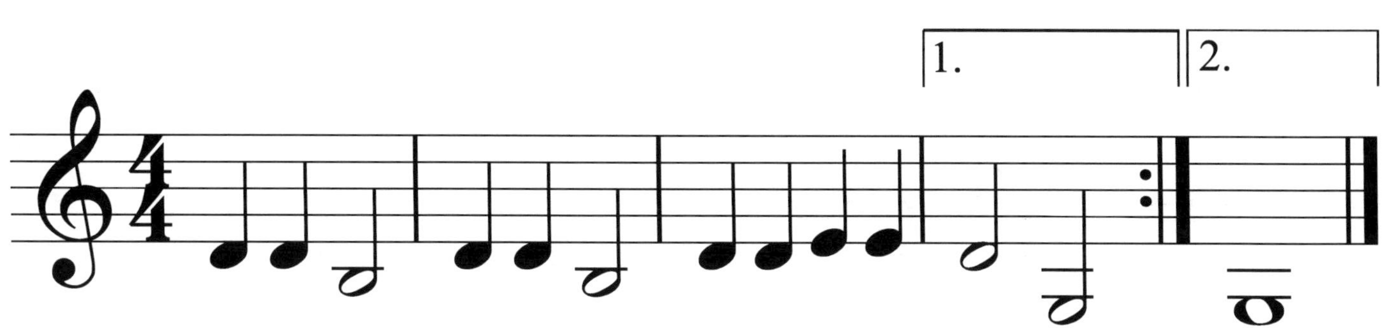

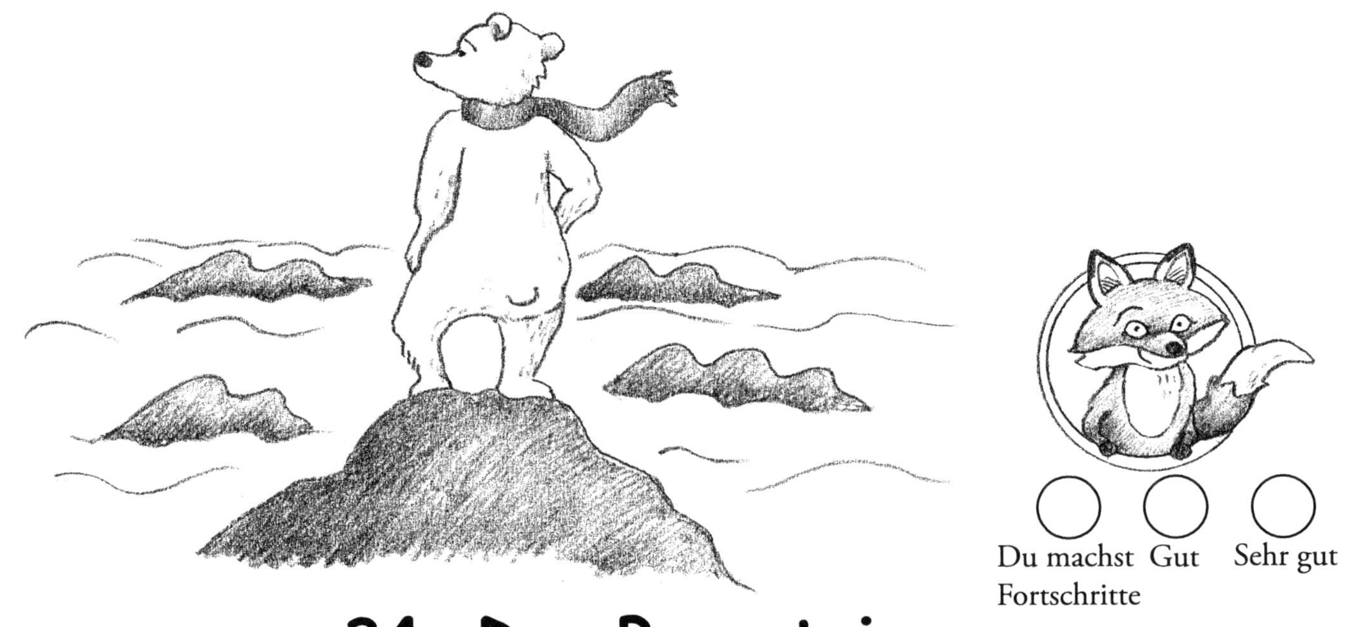

34. Der Bergsteiger

Petra Thun

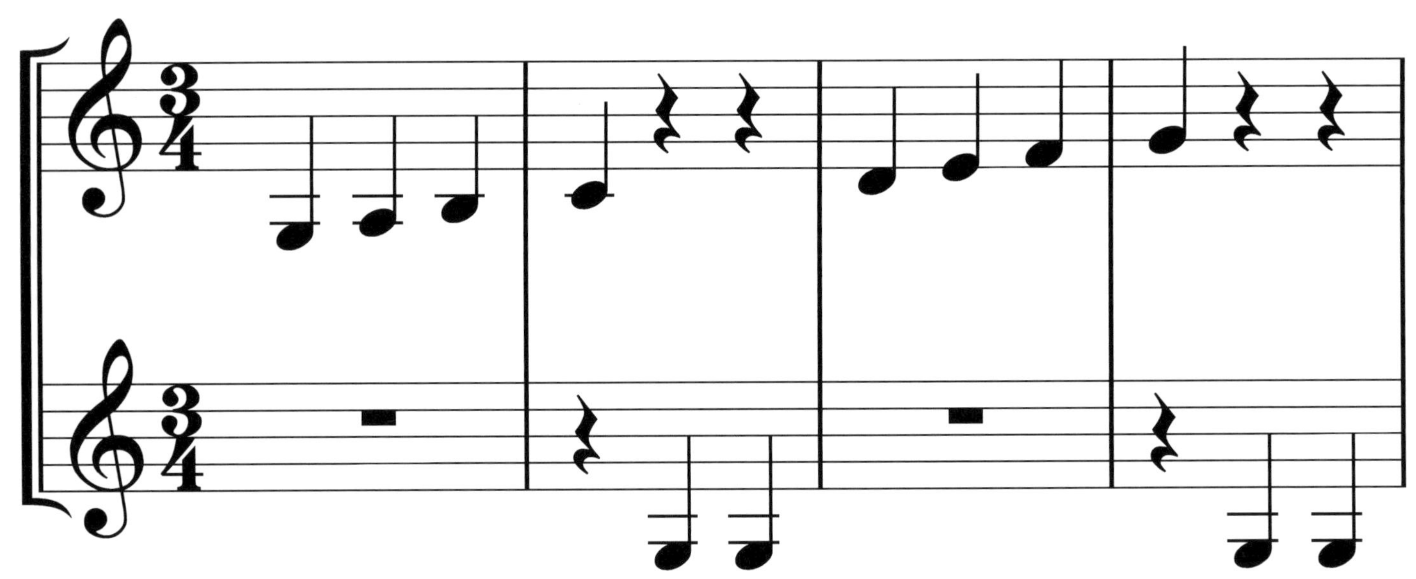

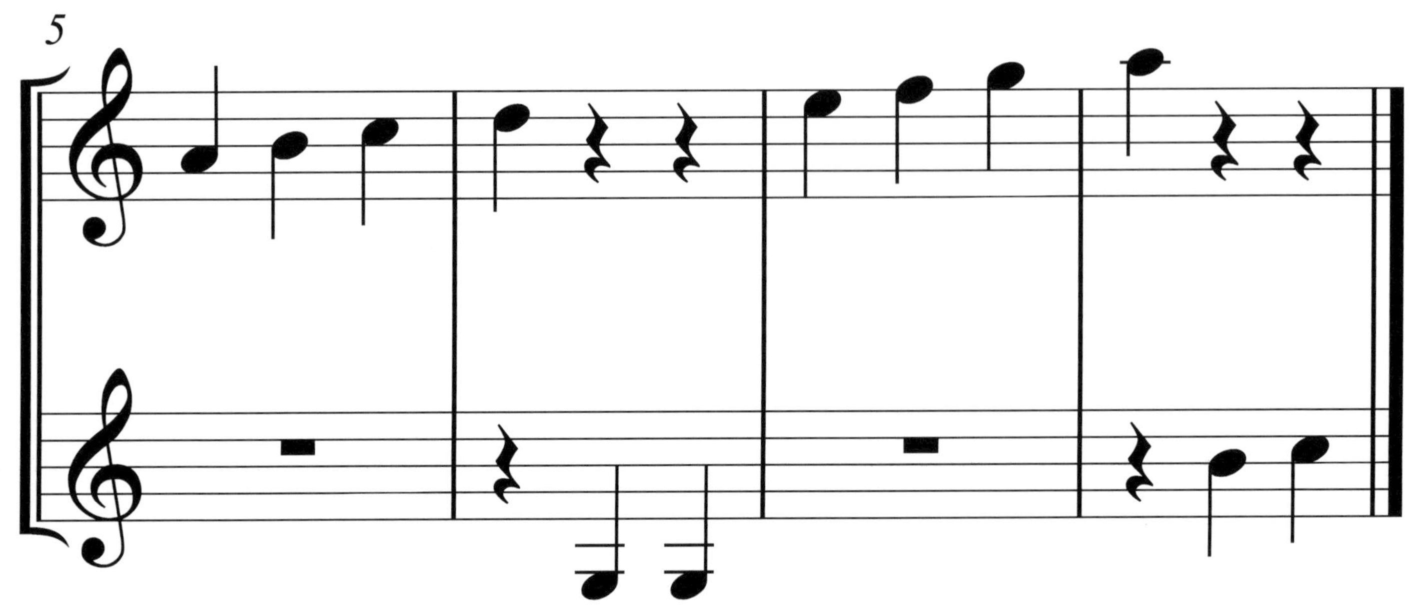

Variation 1

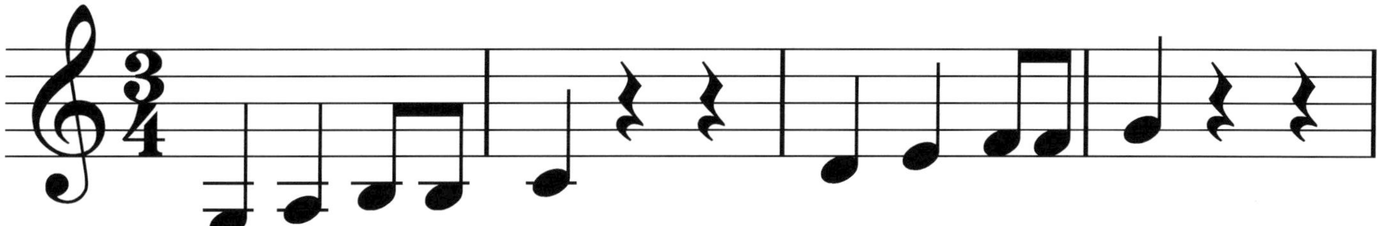

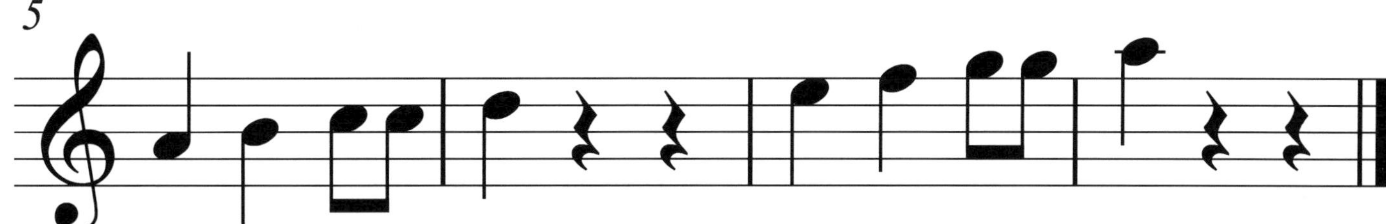

Variation 2

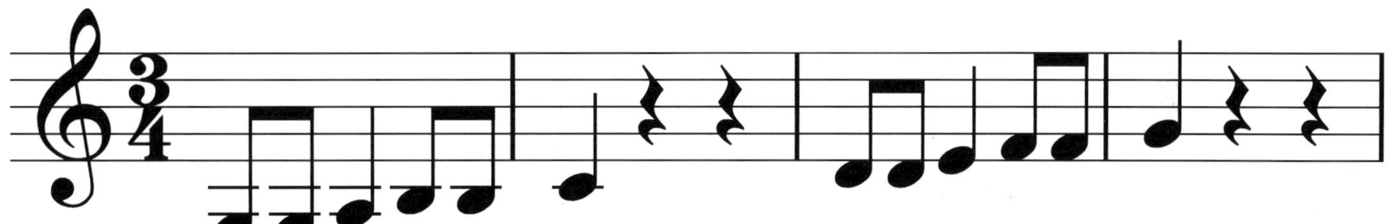

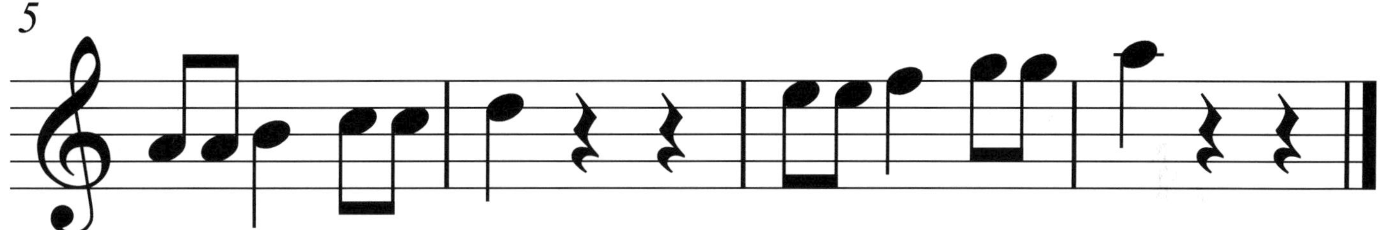

Variation 3

3 Noten auf einen Puls = Triole

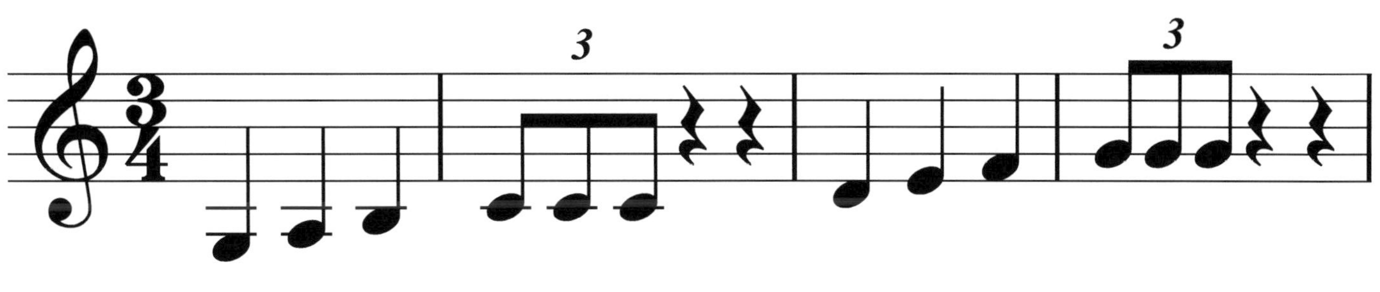

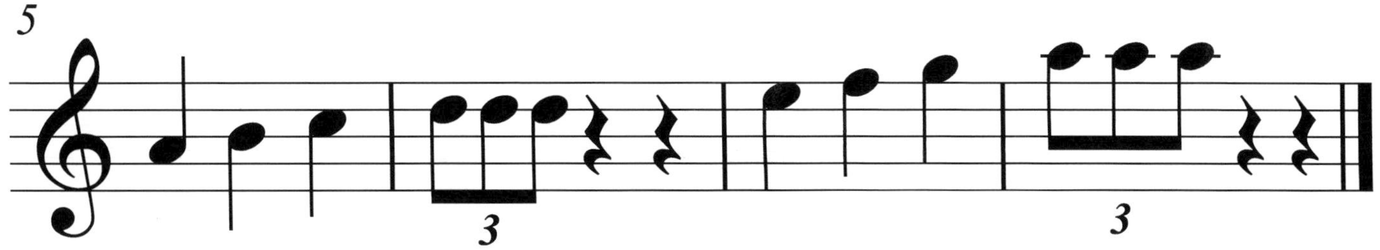

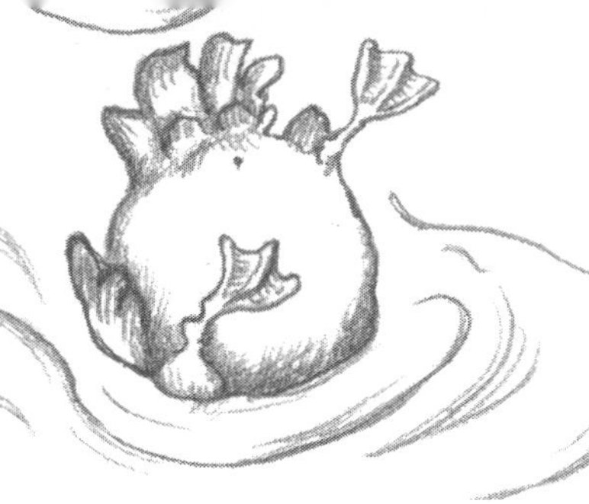

35. Alle meine Entchen

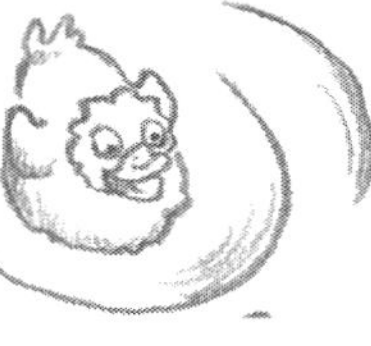

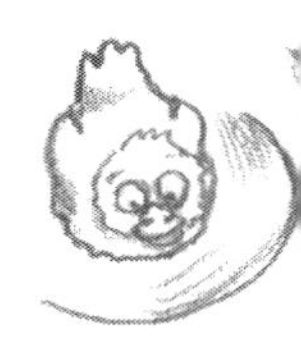

Volkslied

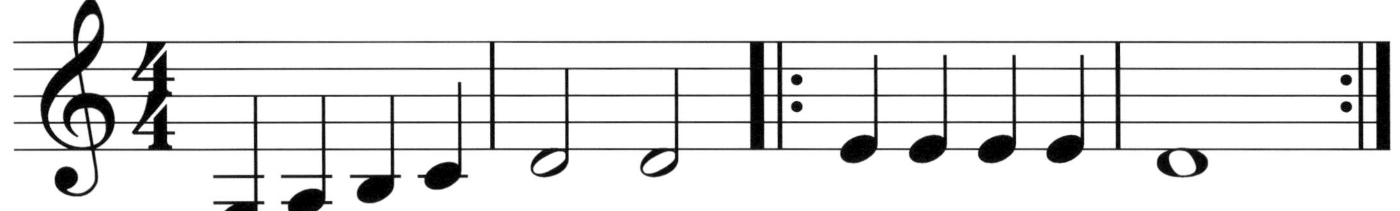

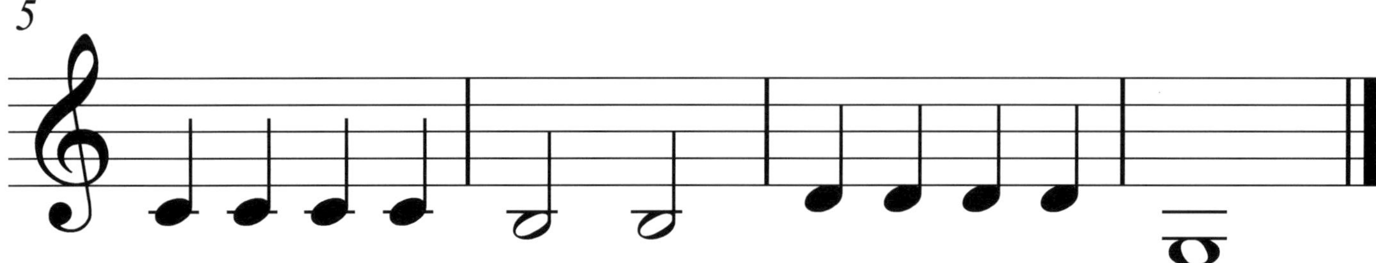

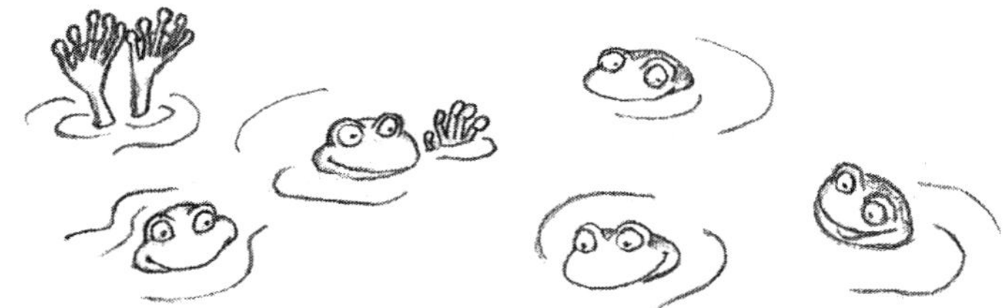

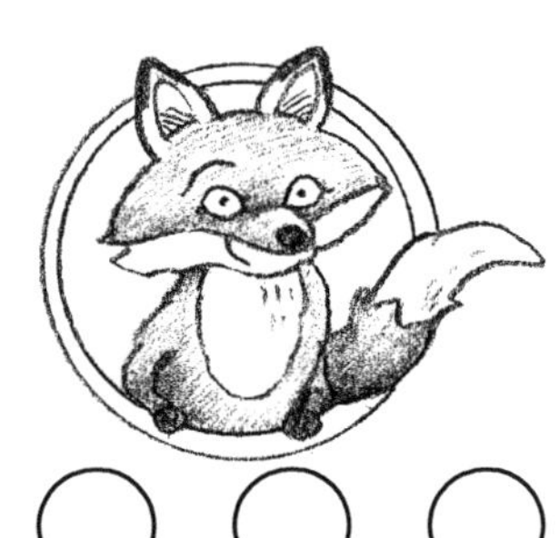

Du machst Fortschritte   Gut   Sehr gut

36. Heut' ist ein Fest bei den Fröschen am See

Volkslied

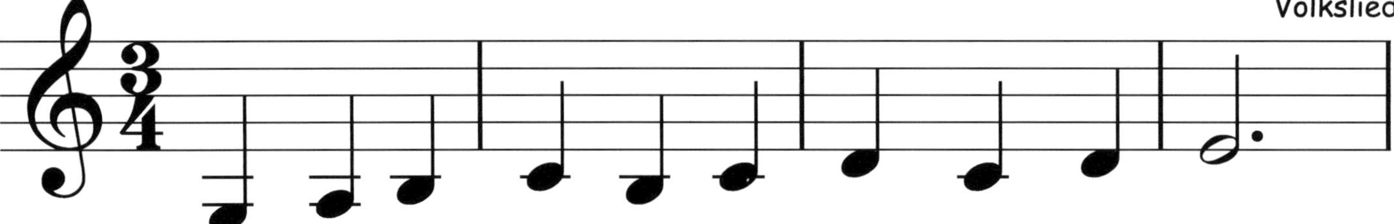

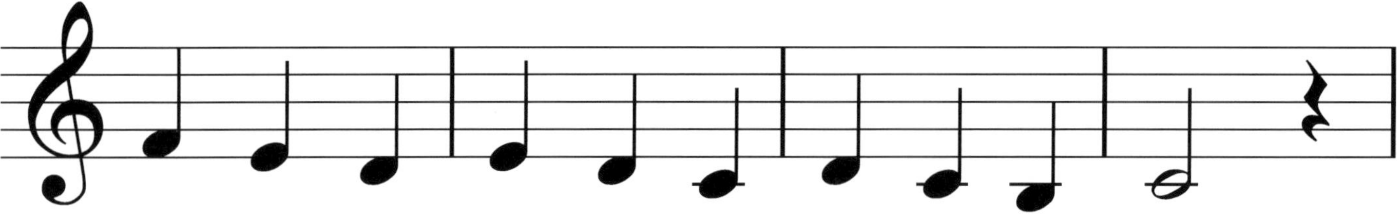

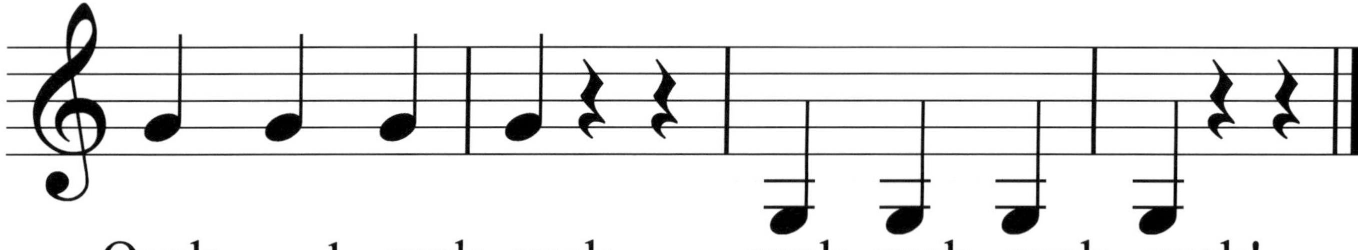

37. Auf unsrer Wiese gehet was

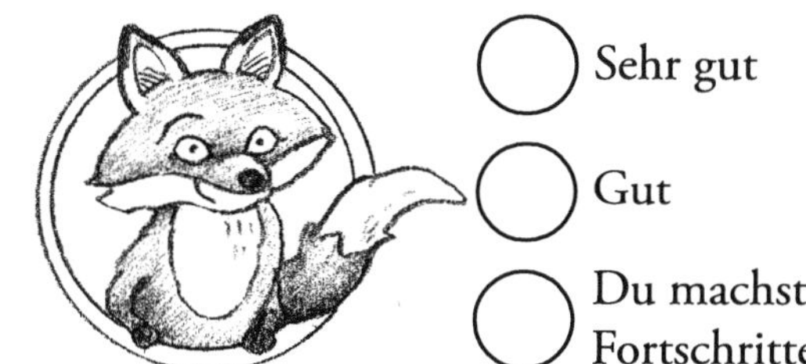

Volkslied, Text: August Heinrich Hoffmann von Fallersleben

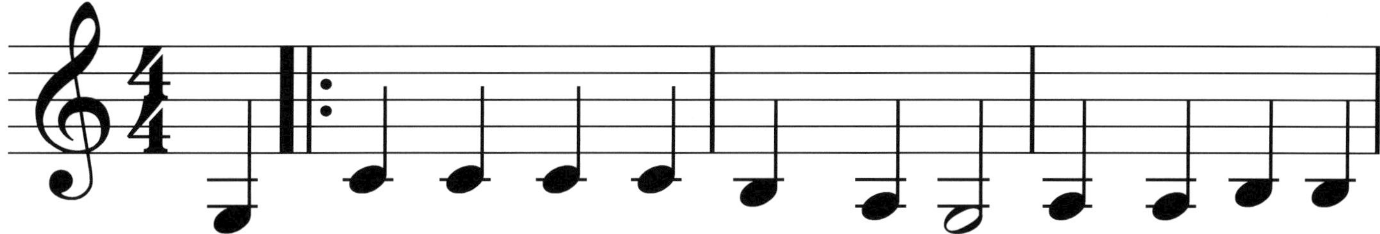

Auf uns - rer Wie - se ge - het was, wa - tet durch die
hat ein schwarz-weiß Röck - lein an und trägt ro - te

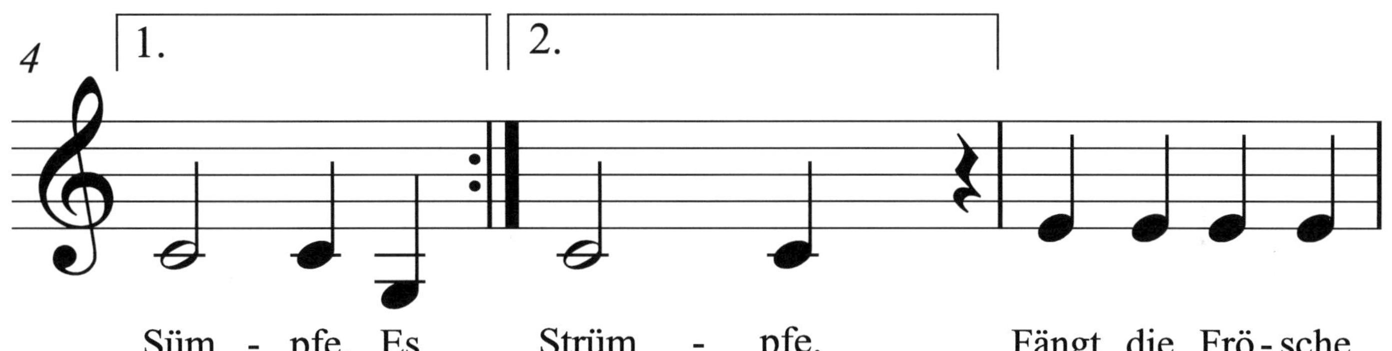

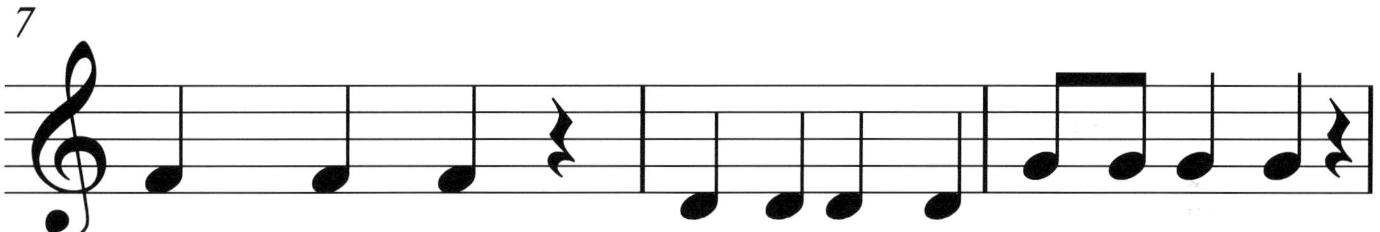

schnapp, schnapp, schnapp. Klap-pert lus - tig klap - per - di - klapp.

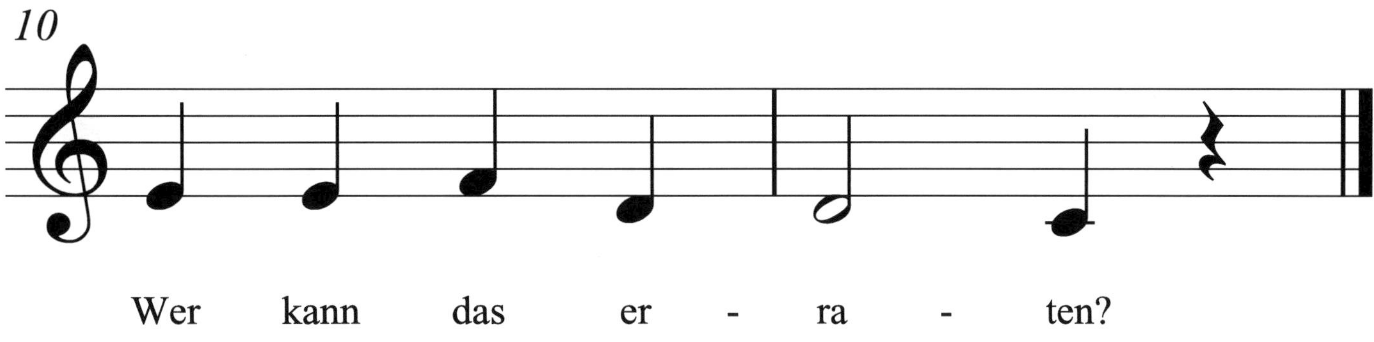

Achte darauf, dass du den Rhythmus des Liedes genauso spielst, wie du den Text sprechen oder singen würdest.

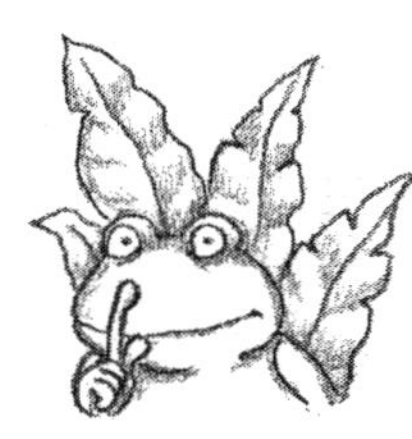

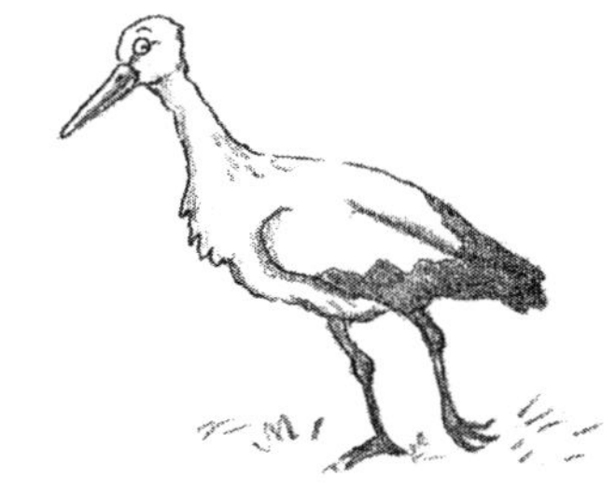

38. Walzer

Petra Thun

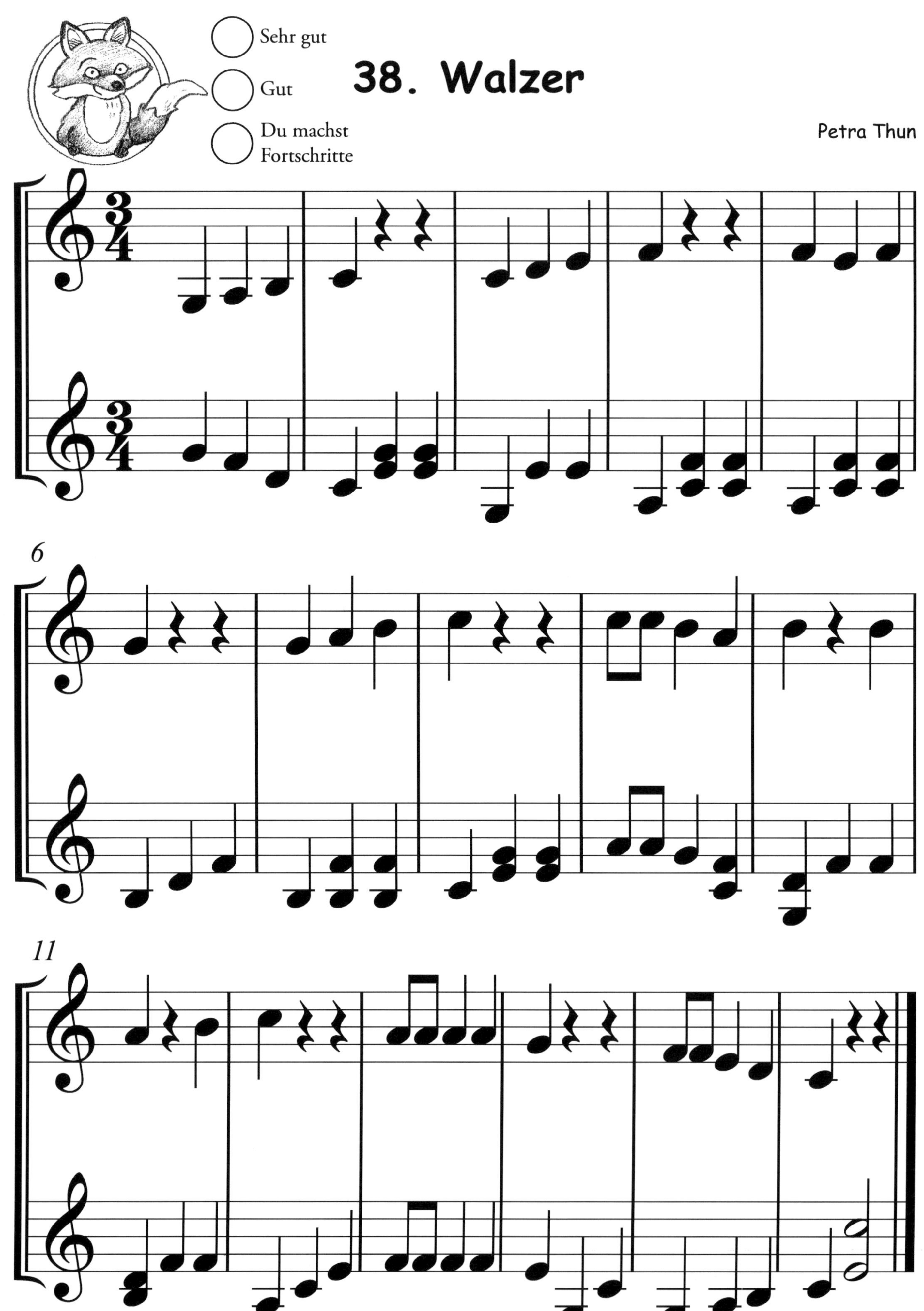

Kleine Tonleiter und der C-Dur-Dreiklang

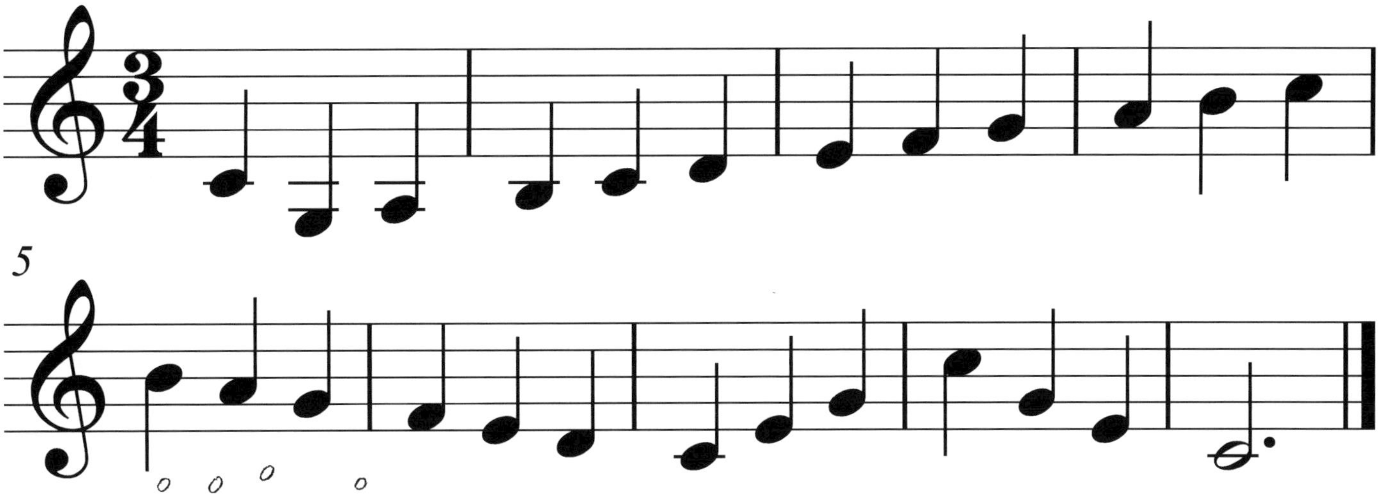

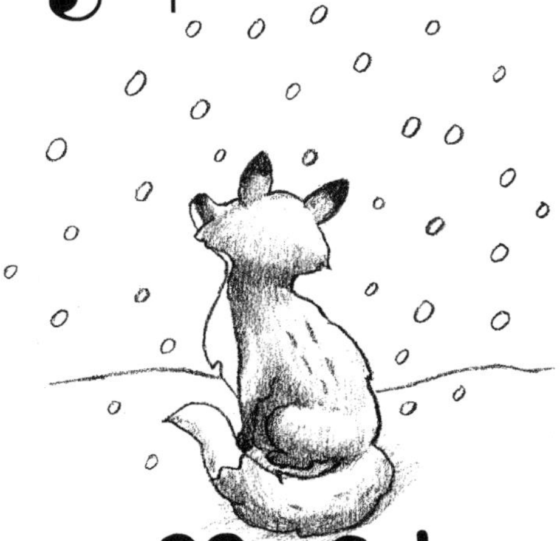

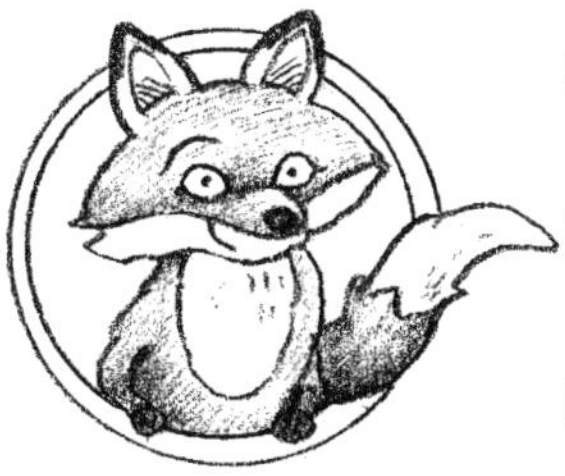

Sehr gut

Gut

Du machst Fortschritte

39. Schneeflöckchen, Weißröckchen

Volksweise, Text: Hedwig Haberkern (1869)

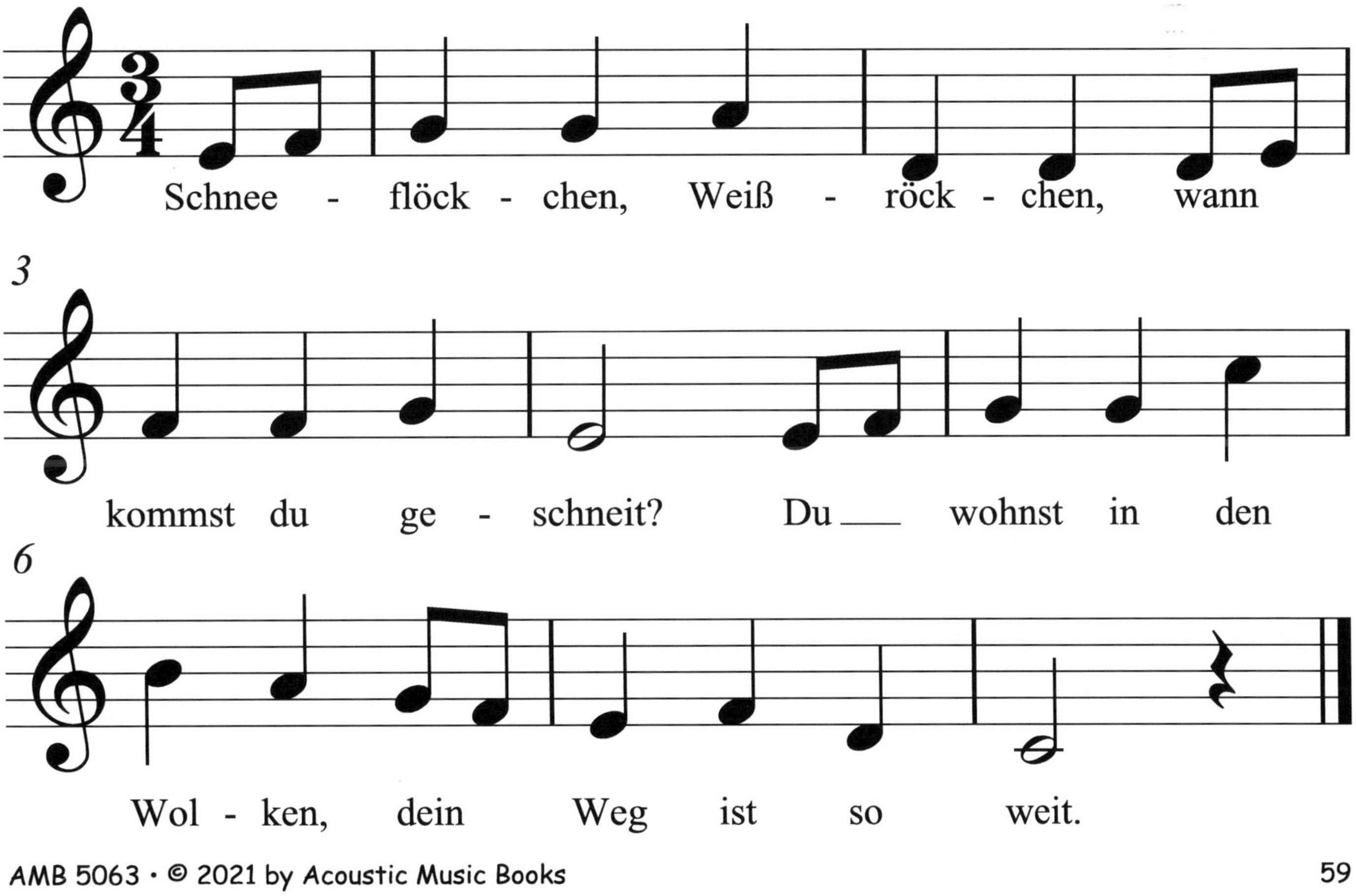

Schnee - flöck - chen, Weiß - röck - chen, wann

kommst du ge - schneit? Du___ wohnst in den

Wol - ken, dein Weg ist so weit.

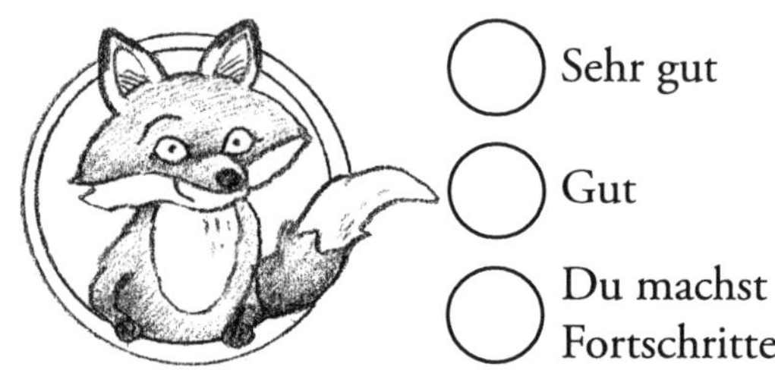

40. Ach wie flüchtig, ach wie nichtig (Choral)

Michael Franck (1652), Satz der
2. Violinenstimme: P. Thun nach J. S. Bach

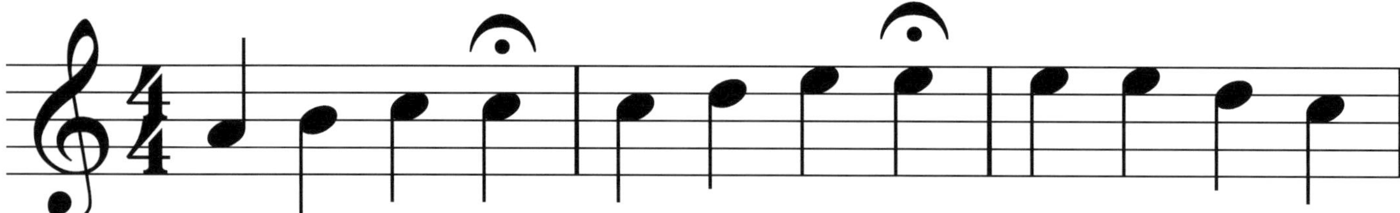

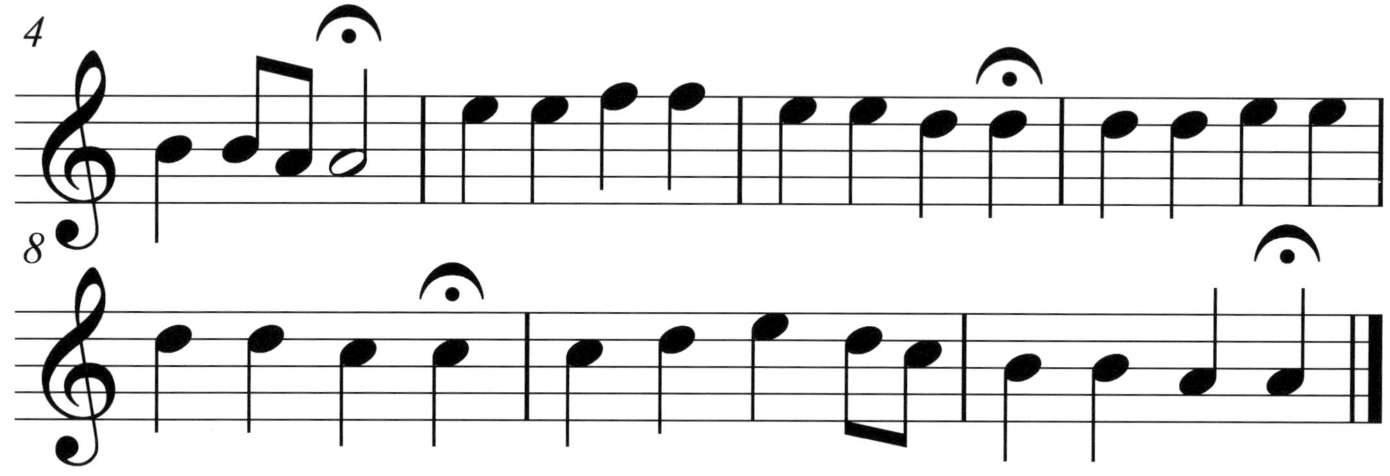

2. Stimme (Satz nach J. S. Bach)

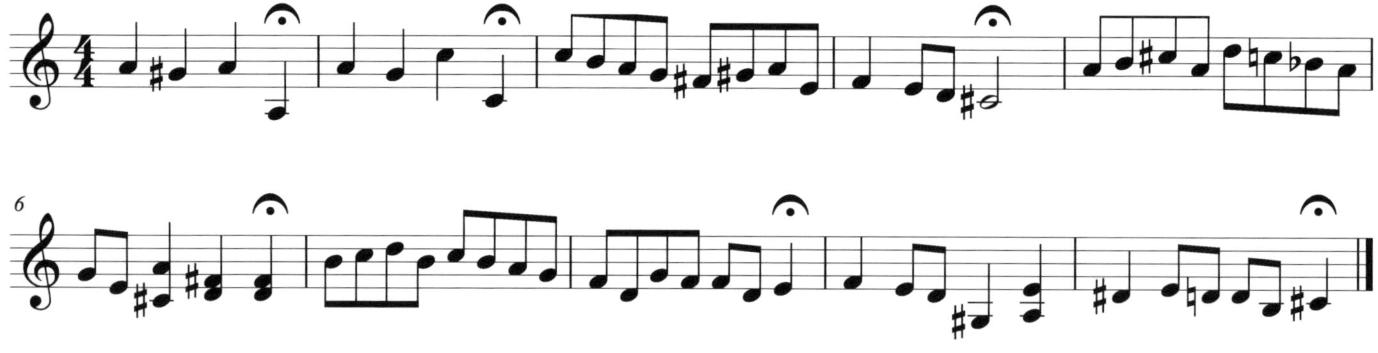

Die Fermaten sind Ruhepunkte. Lass dir bei den Tönen, über denen eine Fermate steht, Zeit, bevor du weiterspielst.
Höre beim Spielen auch auf die 2. Stimme. Was macht sie?

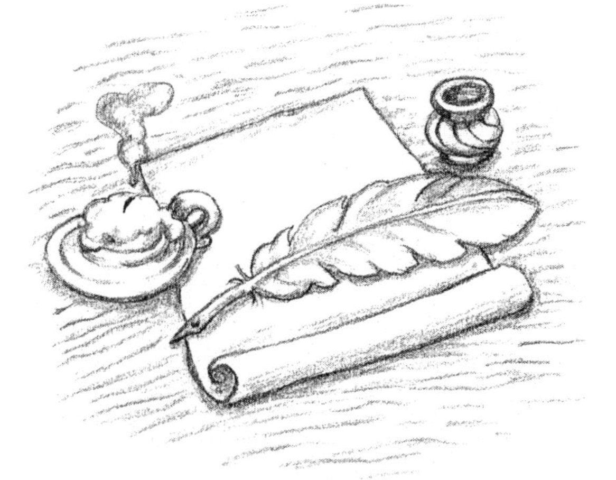

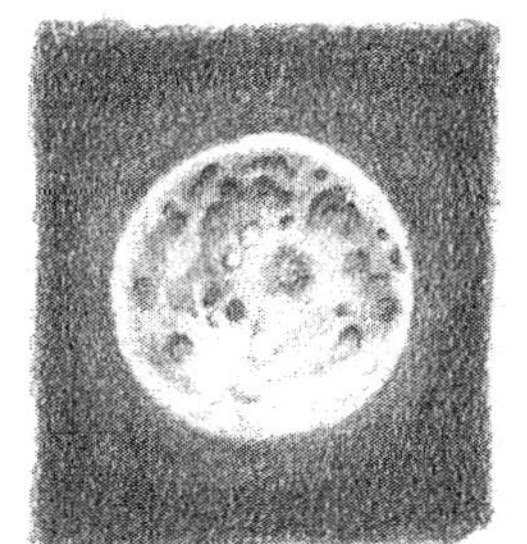

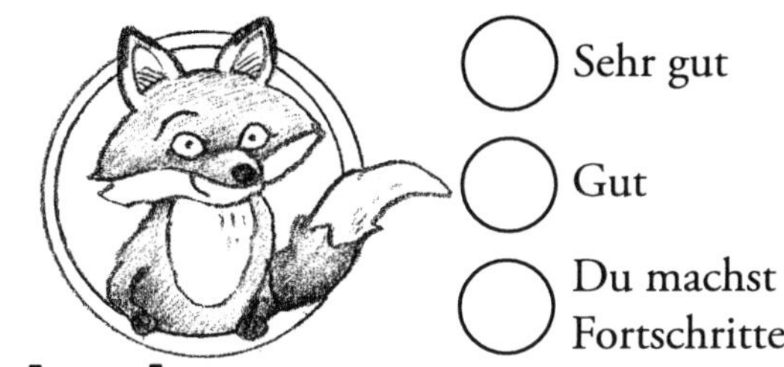

41. Au claire de la lune

Französisches Volkslied und Kinderlied

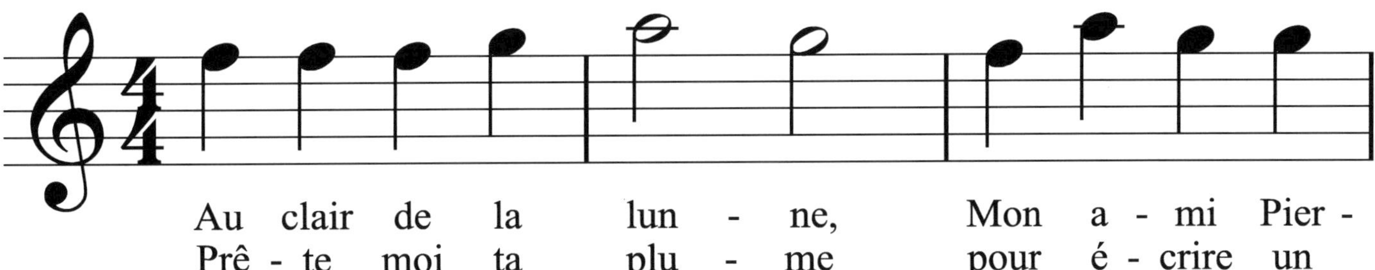

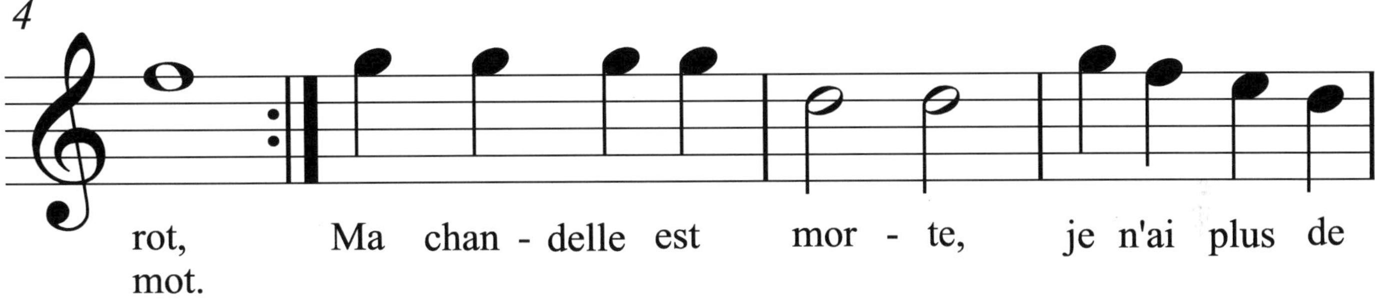

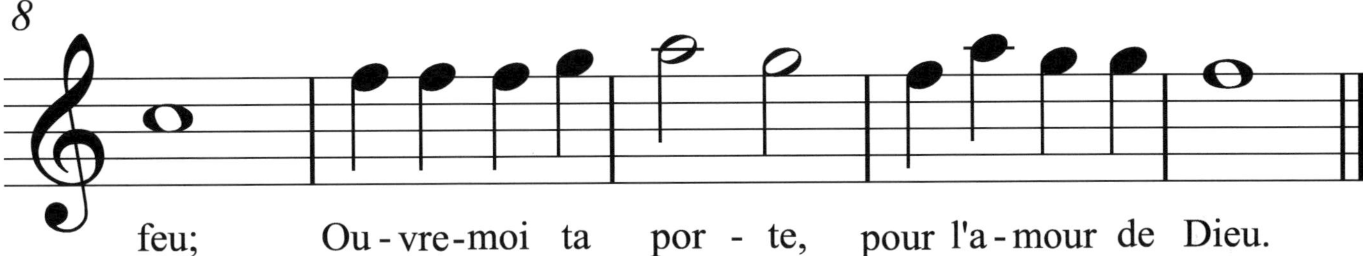

42. Bruder Jakob

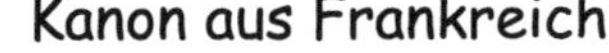
Kanon aus Frankreich

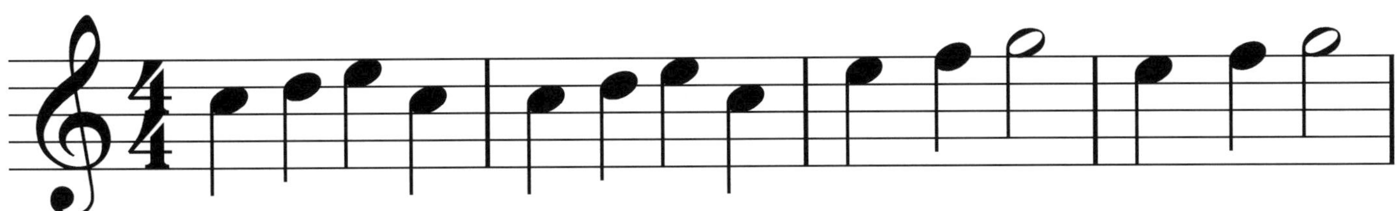

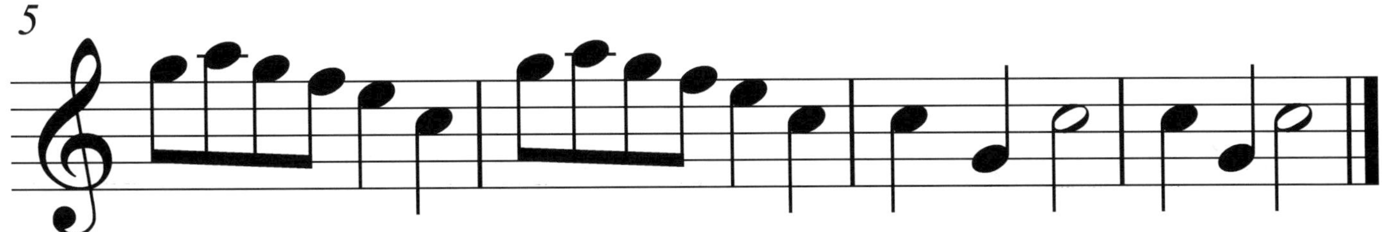

43. Auf der Mauer, auf der Lauer

Kinderlied

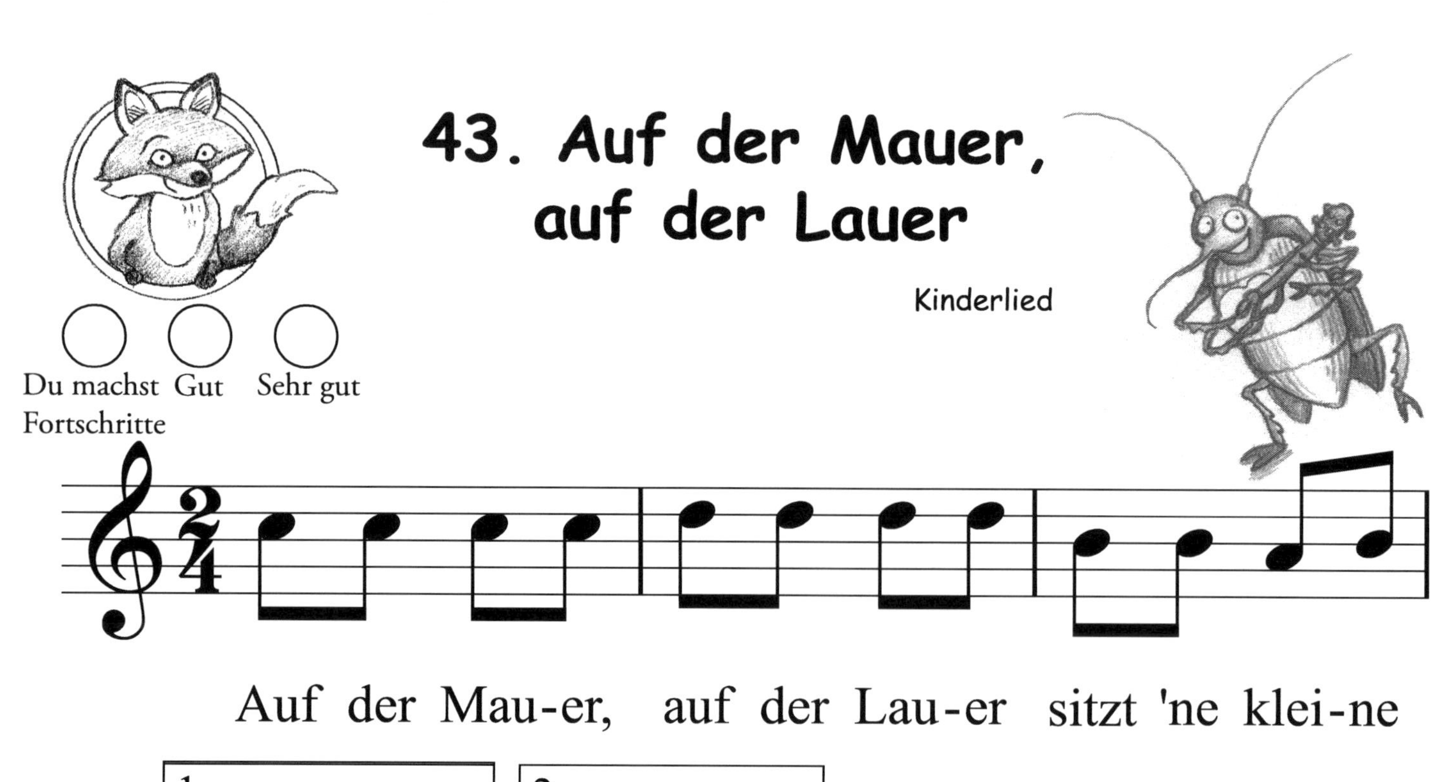

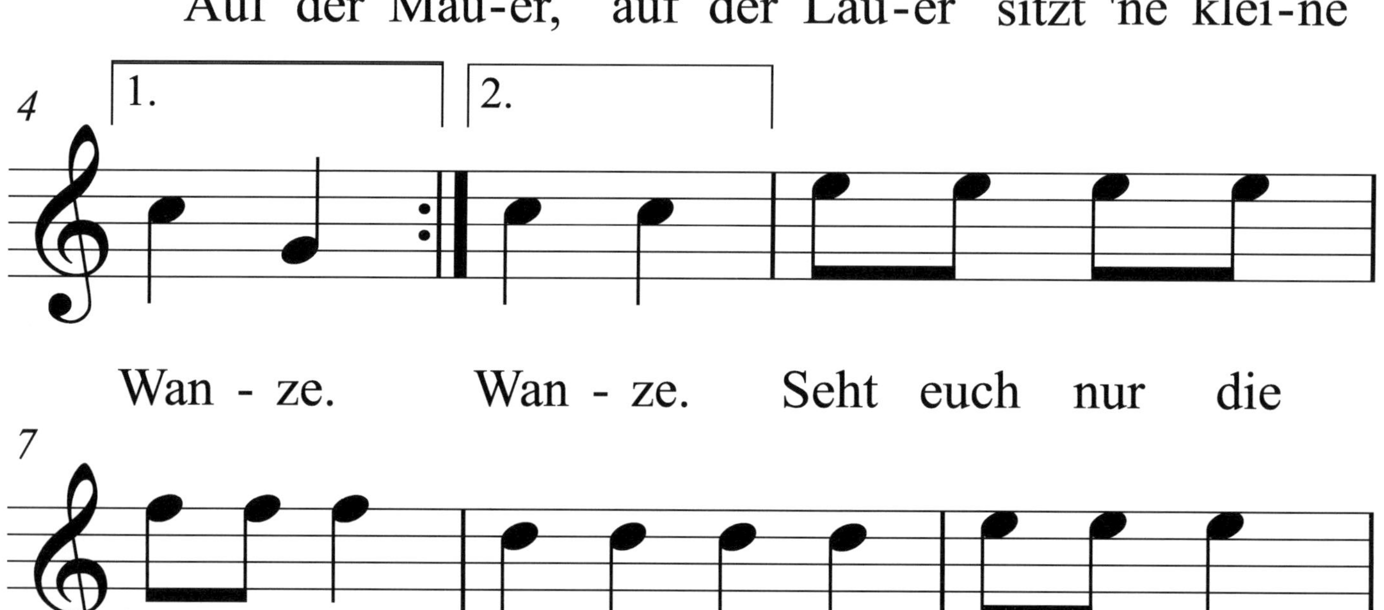

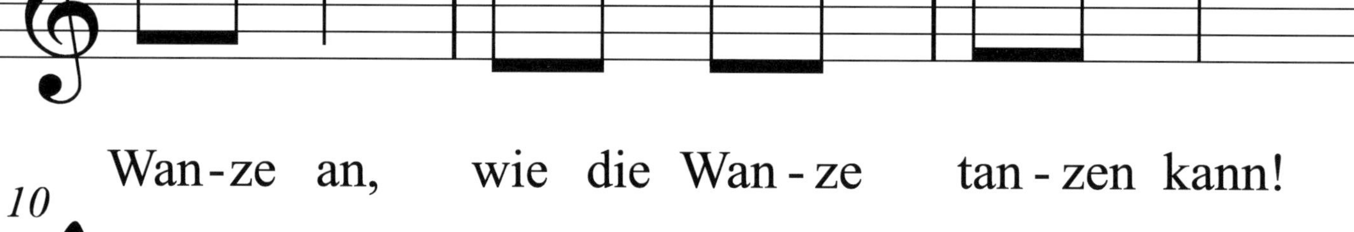

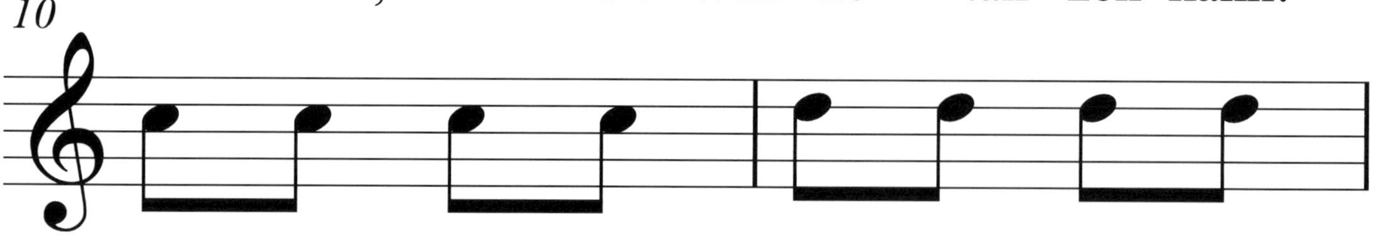

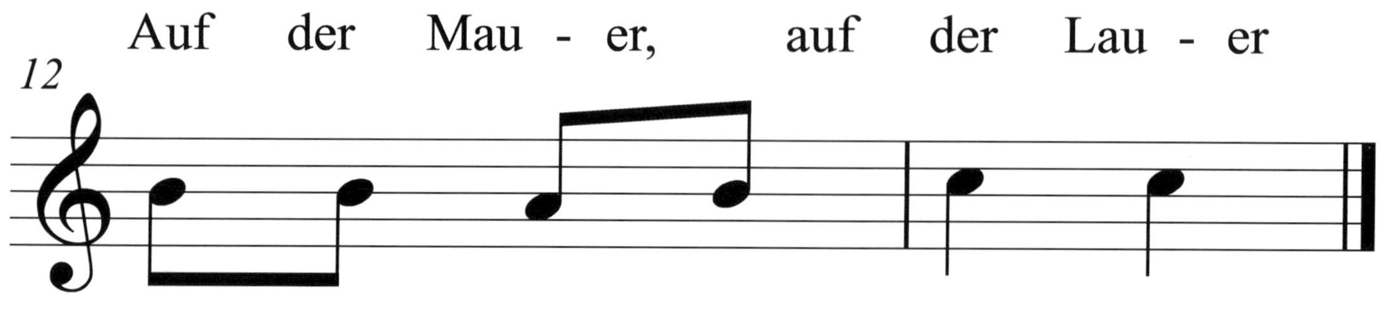

43. Auf der Mauer, auf der Lauer (2)

Kinderlied

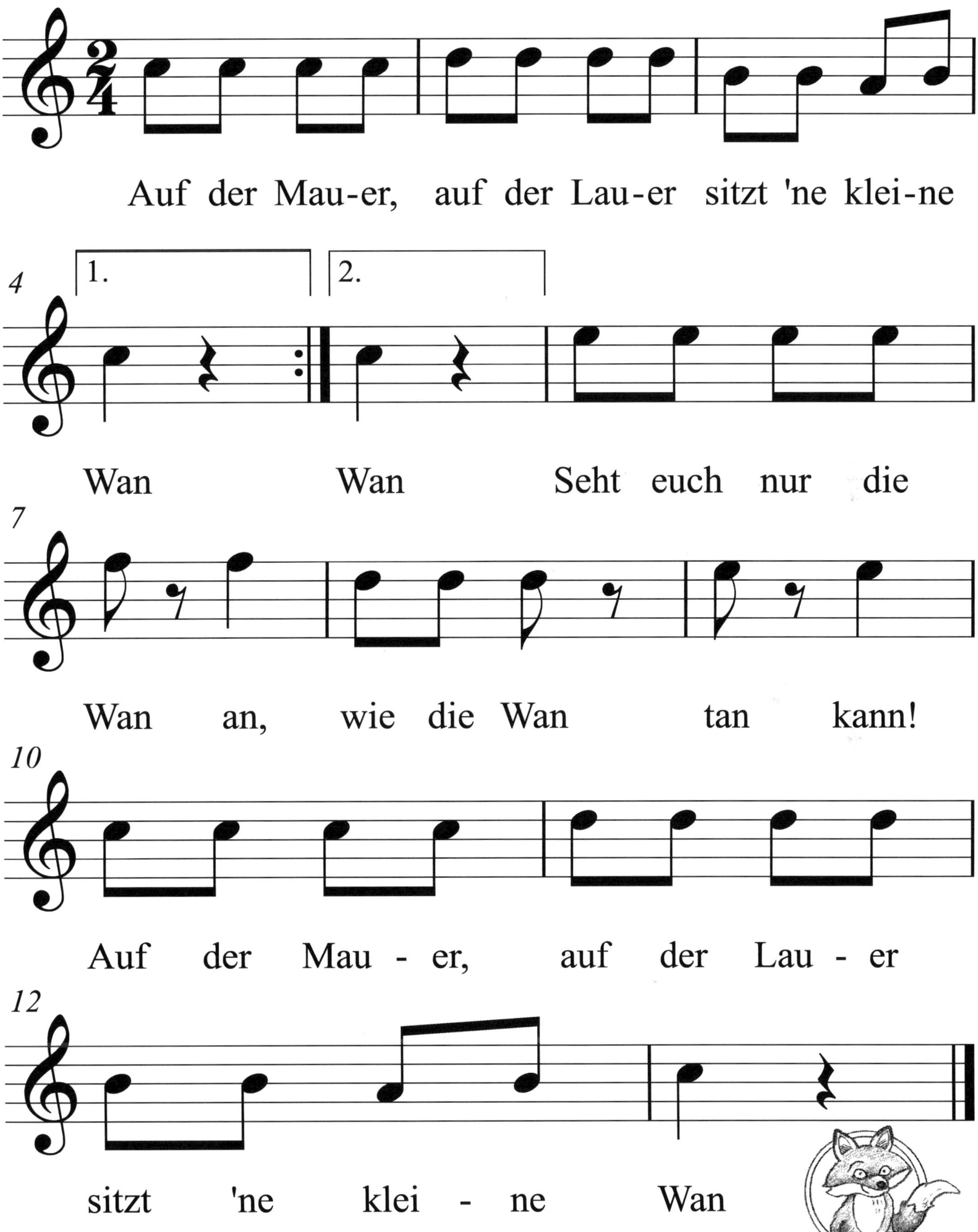

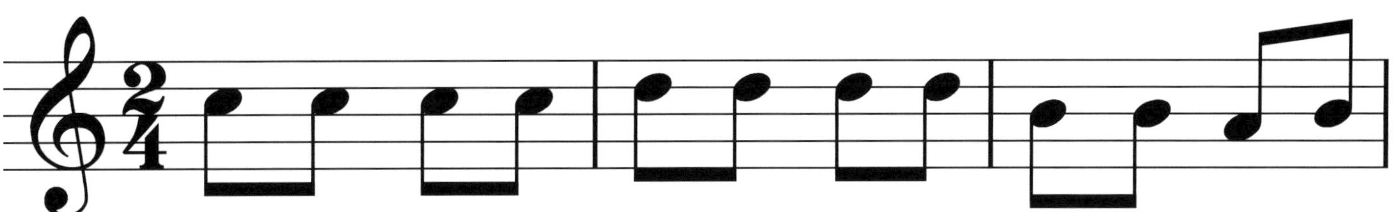

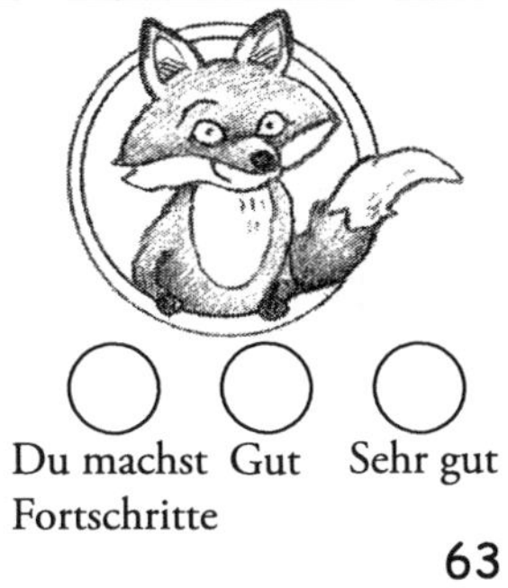

Auf der Mau-er, auf der Lau-er sitzt 'ne klei-ne

4 1. 2.

Wan Wan Seht euch nur die

7

Wan an, wie die Wan tan kann!

10

Auf der Mau - er, auf der Lau - er

12

sitzt 'ne klei - ne Wan

Du machst Fortschritte Gut Sehr gut

Alle gelernten Töne im Überblick

Am Ende dieses Heftes solltest du diese 18 Töne auf der Geige kennen.
- Wo findest du die Noten für die »leeren« Geigensaiten?

- Schreibe unter alle Notenköpfe die Notennamen.

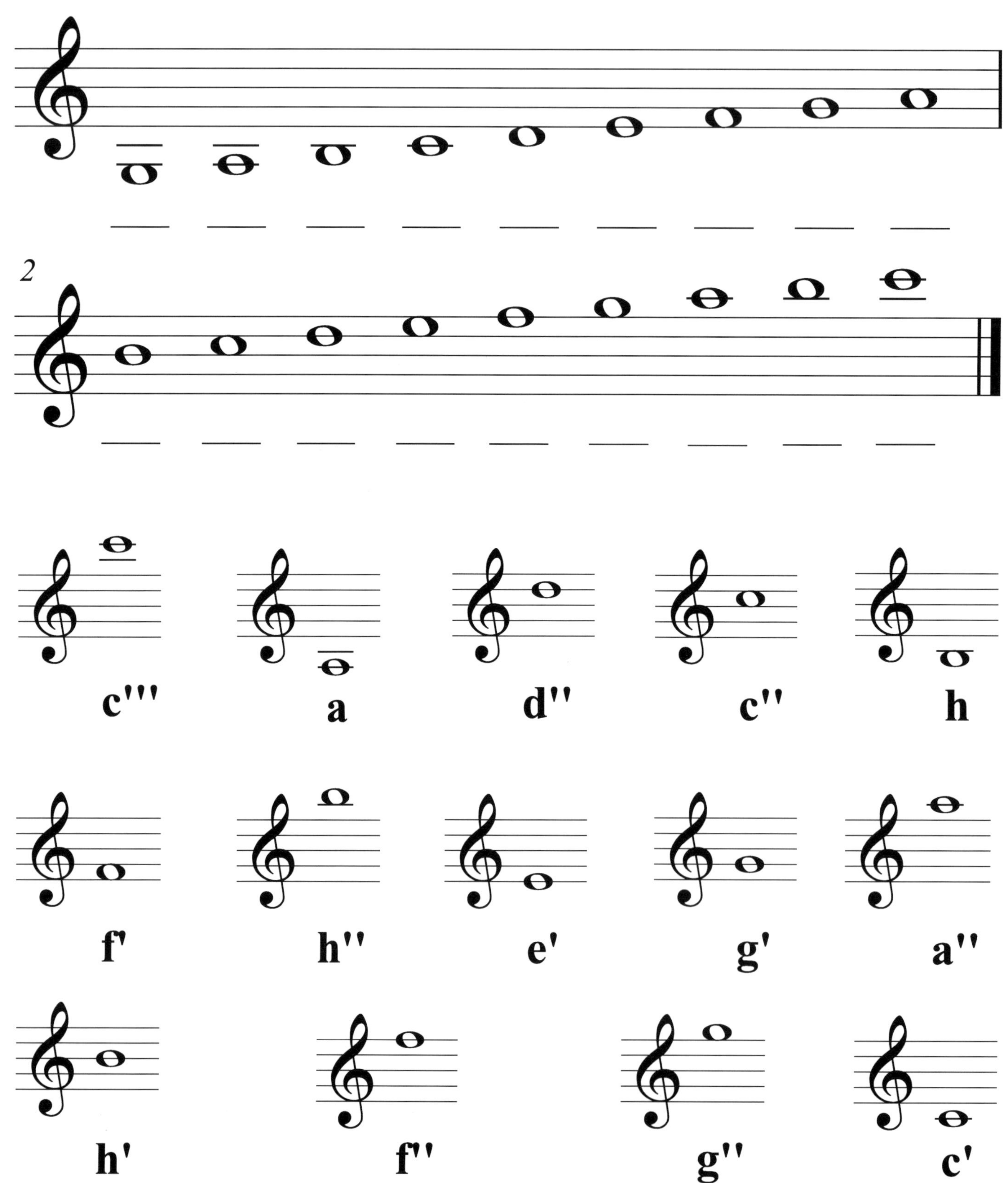

Notenrätsel

Welche Wörter verbergen sich hinter den Notennamen? Trage deine Lösungen unter den Notenköpfen ein!

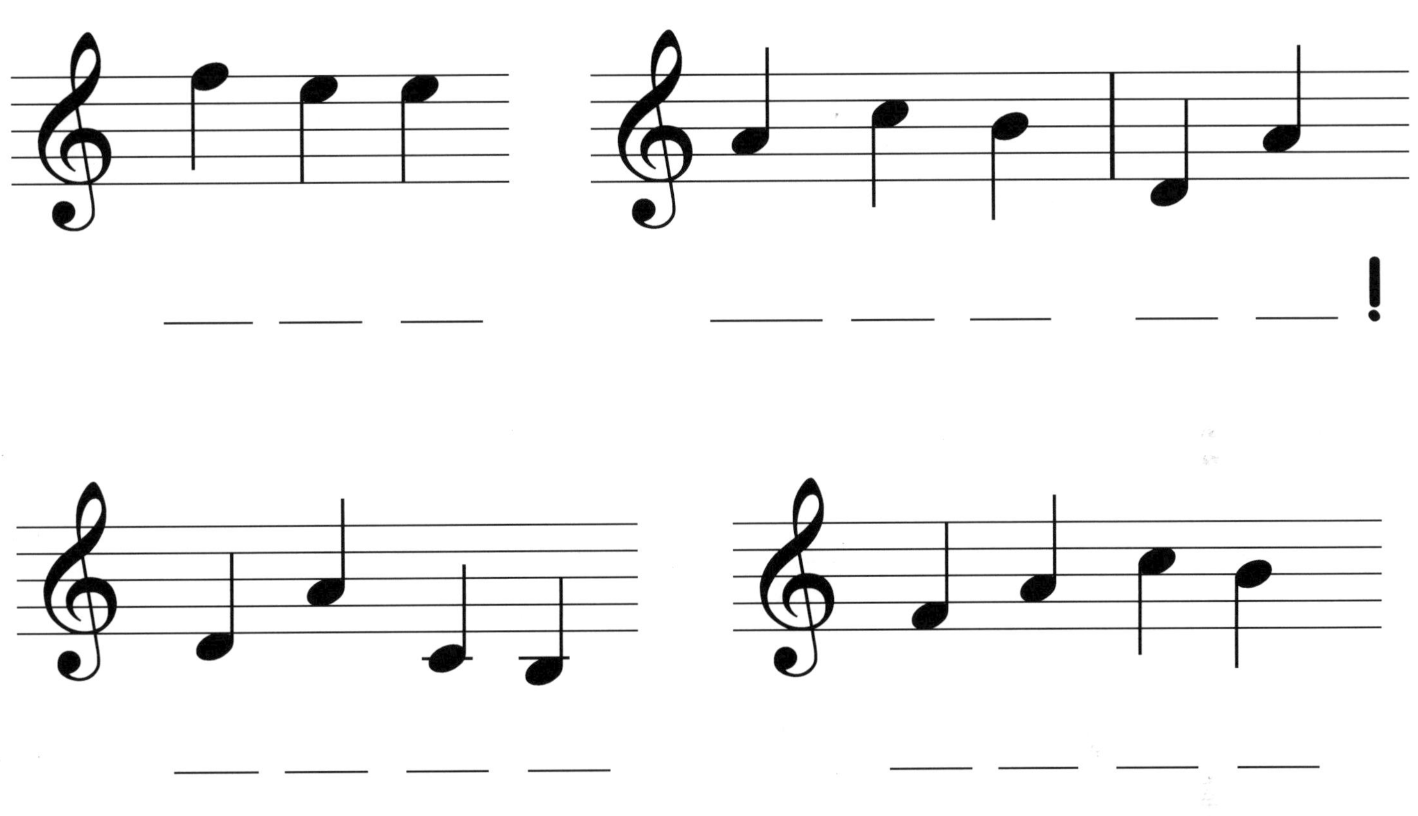

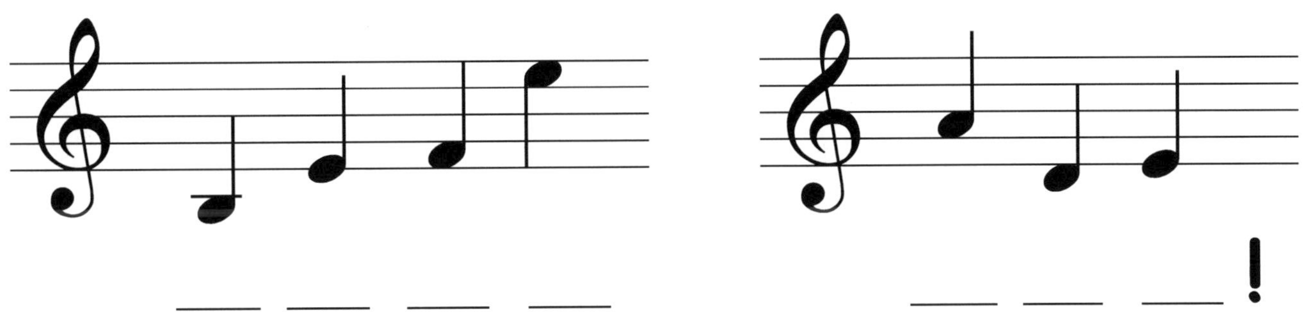

Kapitel 8: Die Tonarten

Das Lied »Alle meine Entchen« beginnt und endet mit dem gleichen Ton, dem g. Dadurch wirkt es sehr rund, stimmmig, geschlossen. Würde es mit einem anderen Ton aufhören, würde man nicht den Eindruck haben, dass das Lied hier zu Ende ist. Diesen besonderen Ton, den jedes Musikstück hat, nennt man den Grundton. Man fühlt sich »zu Hause angekommen«, wenn er am Schluss des Stückes deutlich erklingt. »Alle meine Entchen« hat also den Grundton **g**.

Die Tonart eines Stückes ist daher nach diesem Grundton benannt. Klingt das Stück fröhlich, handelt es sich um eine Dur-Tonart. So ist es auch bei »Alle meine Entchen«. Es steht in G-Dur. Klingt ein Stück trauriger und weicher, steht es in einer Moll-Tonart.

Wenn man alle Töne, die in einer Tonart vorkommen, in einer Reihe aufstellt, erhält man eine Tonleiter. In Liedern kommen oft nur einige Töne der Tonleiter vor.

Tonleitern beginnen immer mit dem Grundton. Der erste, dritte und fünfte Ton einer Tonleiter klingen sehr gut zusammen. Sie sind harmonisch und bilden einen Dreiklang.

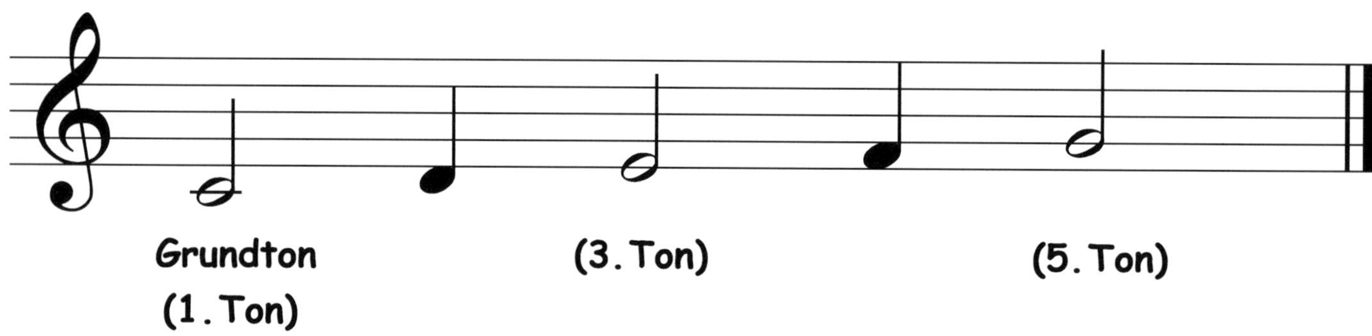

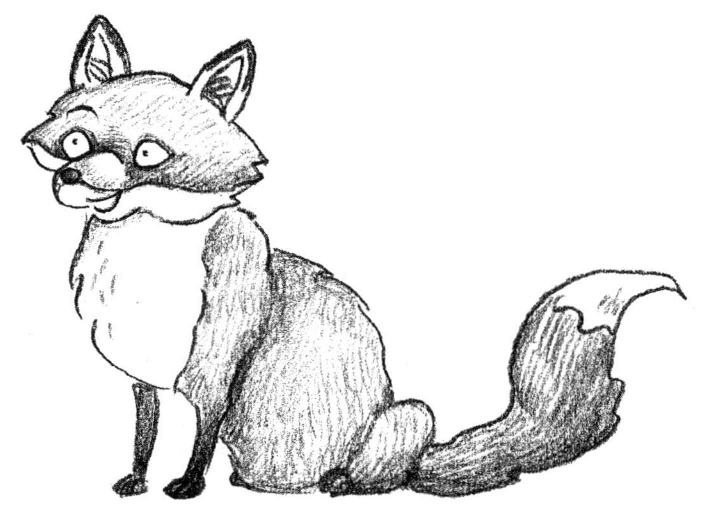

Die Tonart C-Dur

Tonleiter und Dreiklang über 2 Oktaven

Eine Oktave ist der Abschnitt von einem Ton bis zum gleichen nächsthöheren, zum Beispiel vom eingestrichenen c' zum zweigestrichenen c''.

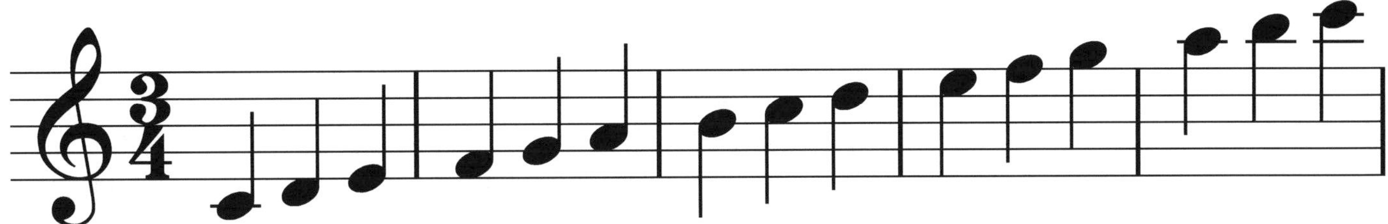

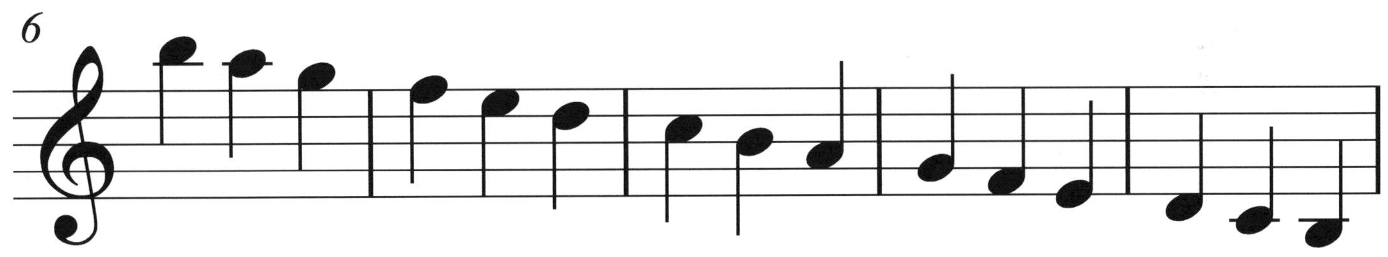

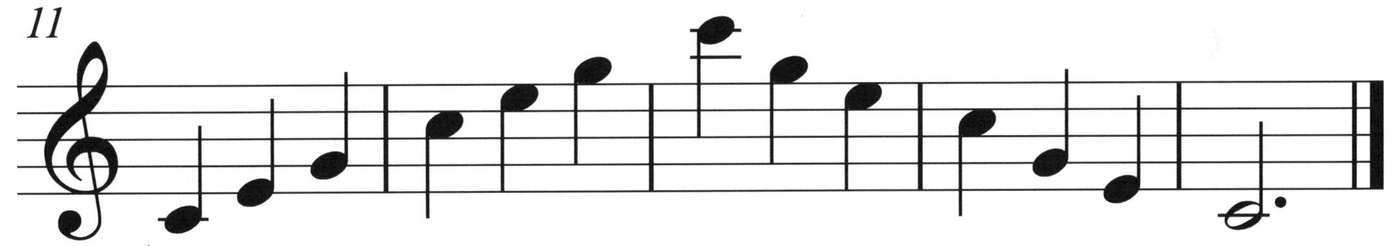

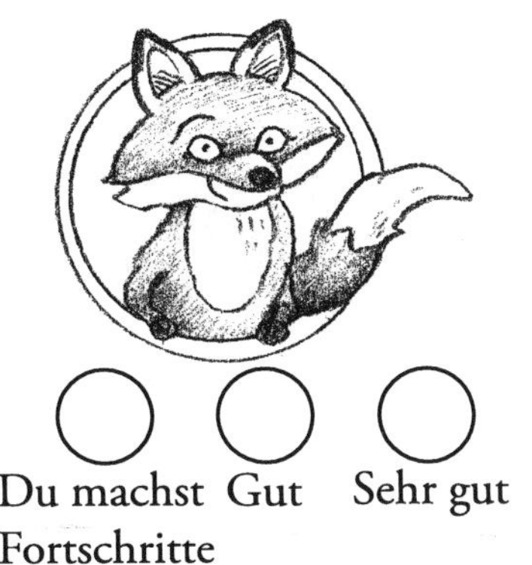

Du machst Fortschritte   Gut   Sehr gut

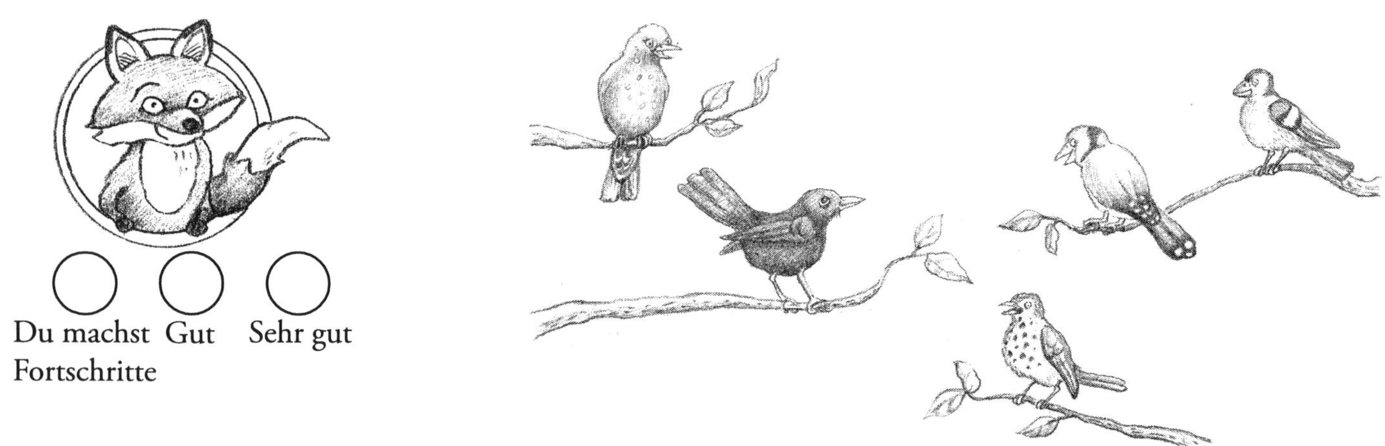

44. Alle Vögel sind schon da

Melodie: Aus Schlesien, Text: August Heinrich Hoffmann von Fallersleben (1798–1874)

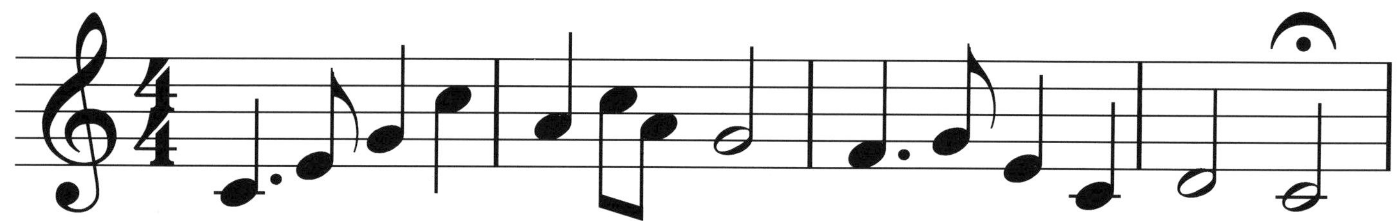

Al - le Vö-gel sind schon da, al - le Vö-gel, al - le!
Früh - ling will nun ein-mar-schiern, kommt mit Sang und Schal - le!

5 **Fine**

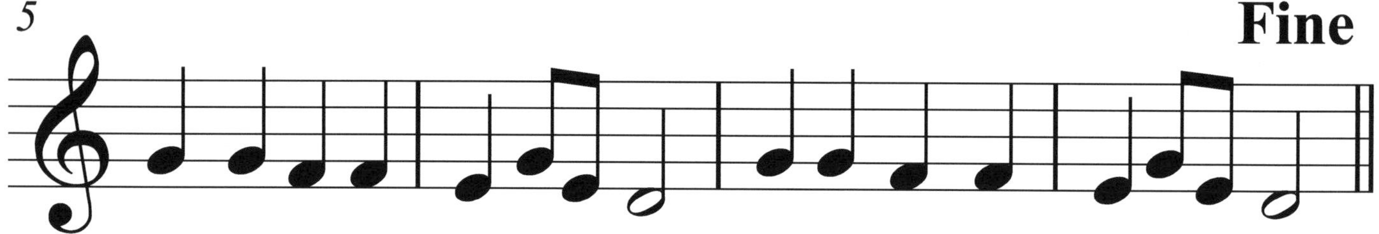

Welch ein Sin-gen, Mu-si - ziern, Pfei-fen, Zwit-schern, Ti-ri - liern!

D.C. al Fine

Begleitstimme (Violine 2)

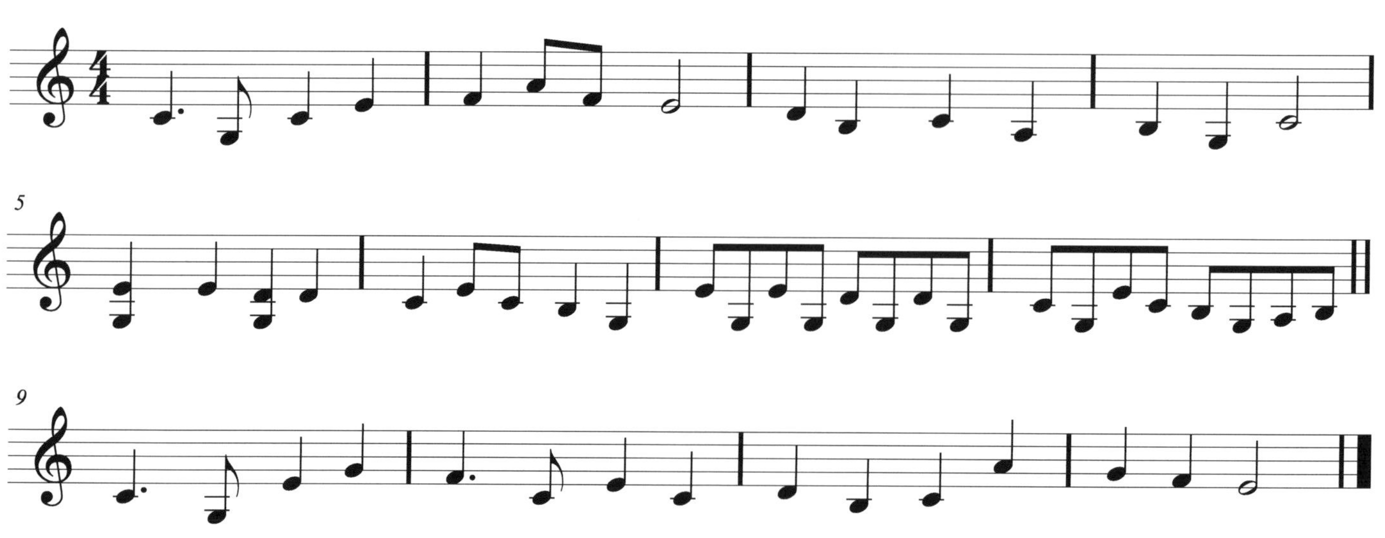

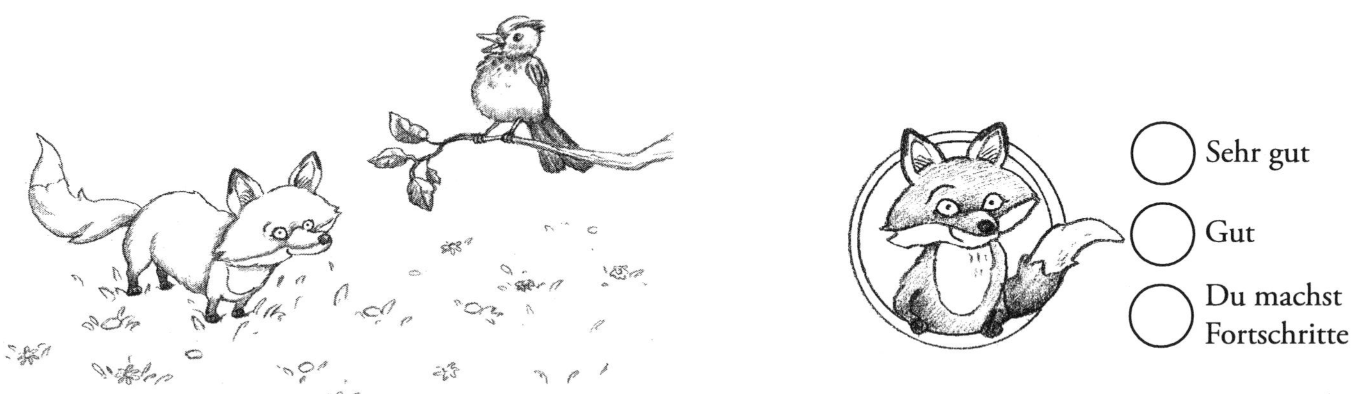

45. Ich bin das ganze Jahr vergnügt

Melodie: Volkslied, Text nach Christian Friedrich Daniel Schubart (1739–1791)

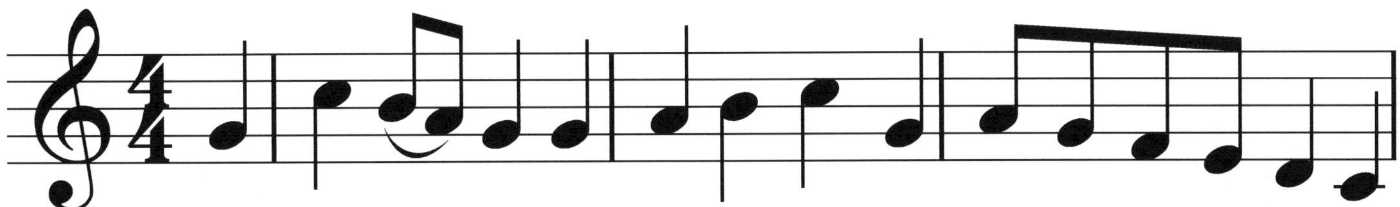

Ich bin das gan-ze Jahr ver-gnügt, im Früh-ling wird das Feld ge-

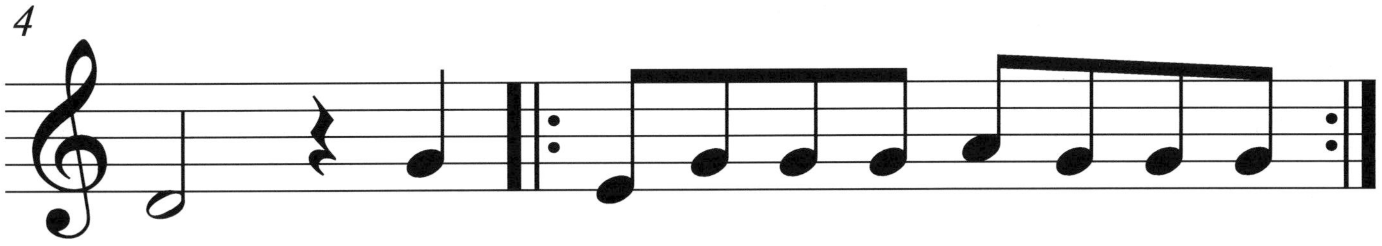

pflügt. Dann steigt die Ler - che hoch em - por und
singt ihr fro - hes Lied mir vor und

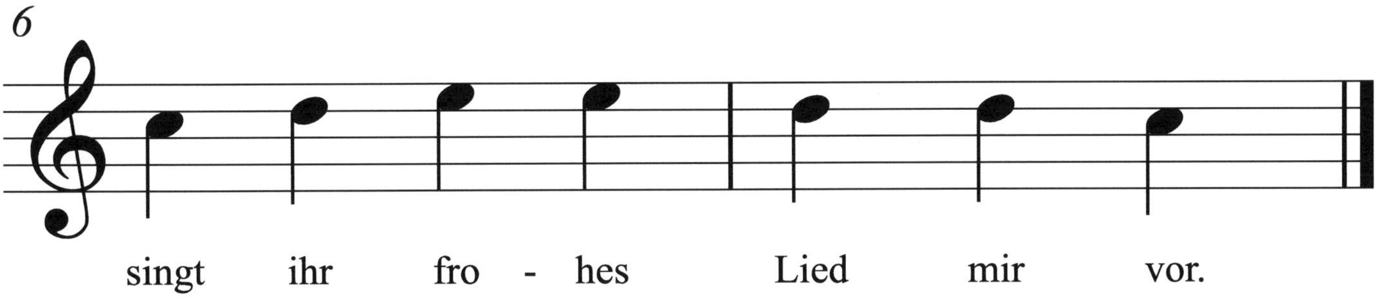

singt ihr fro - hes Lied mir vor.

Begleitstimme (Violine 2)

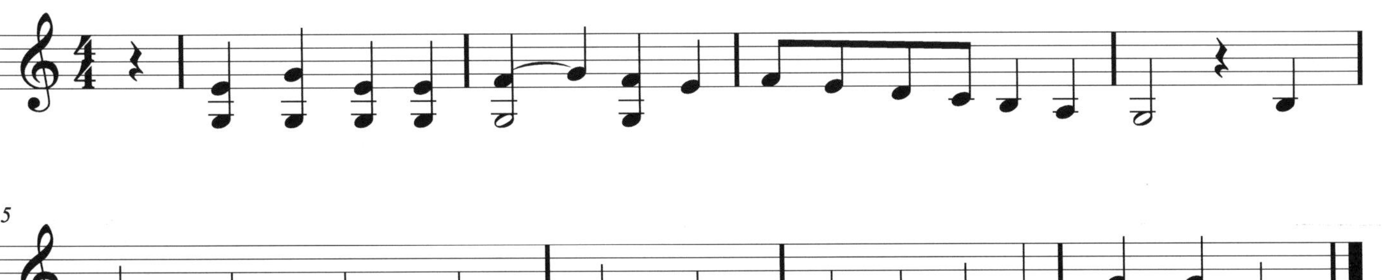

46. Was müssen das für Bäume sein

Kinderlied, Bearbeitung: P. Thun

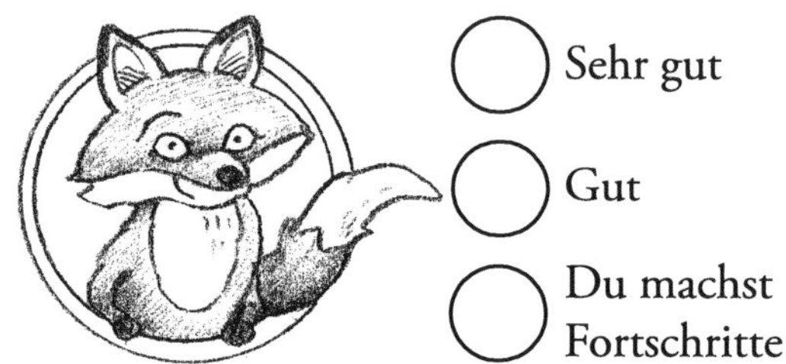

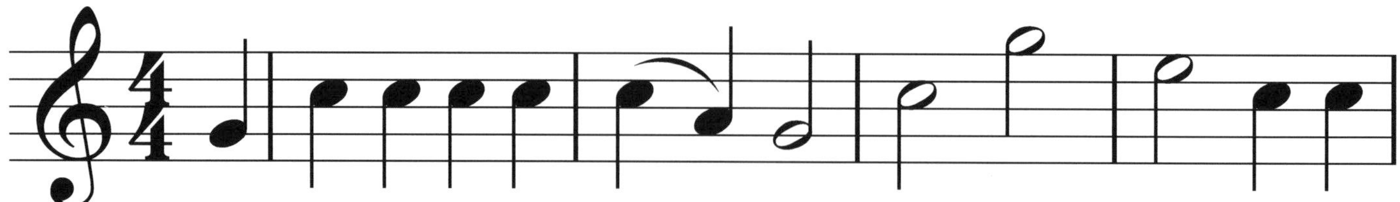

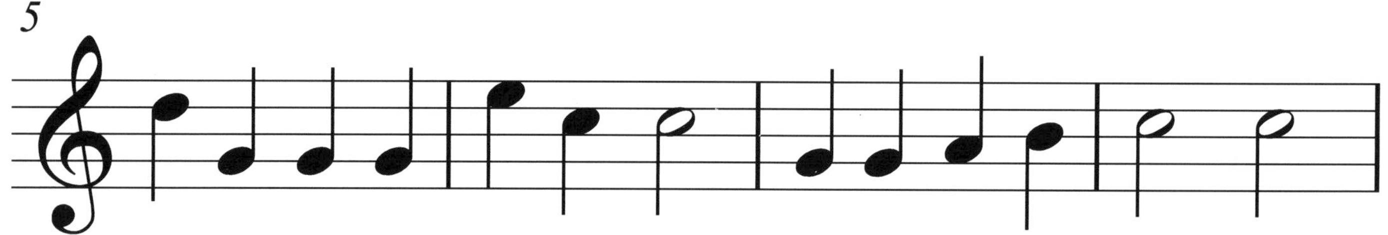

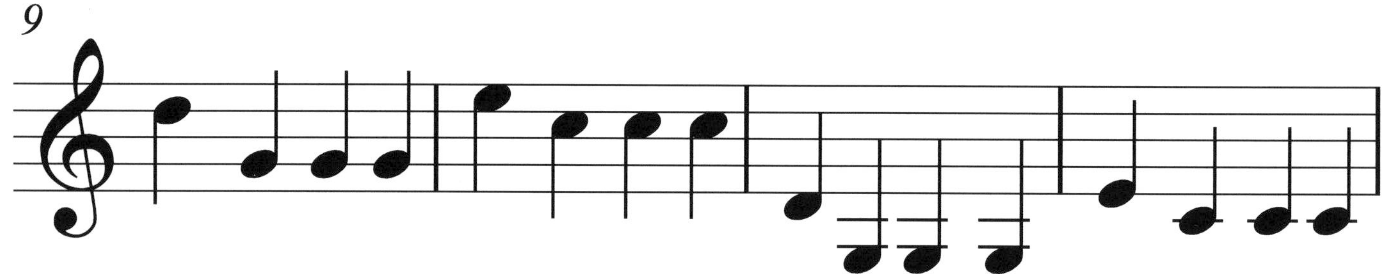

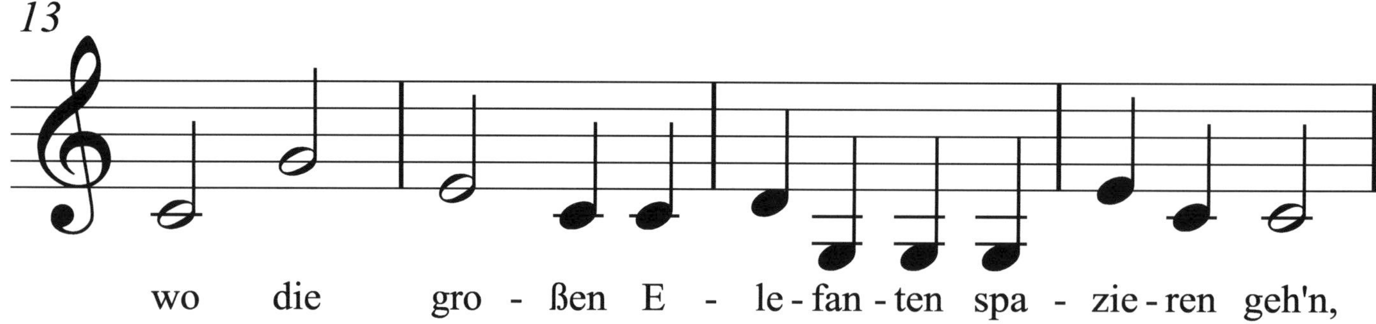

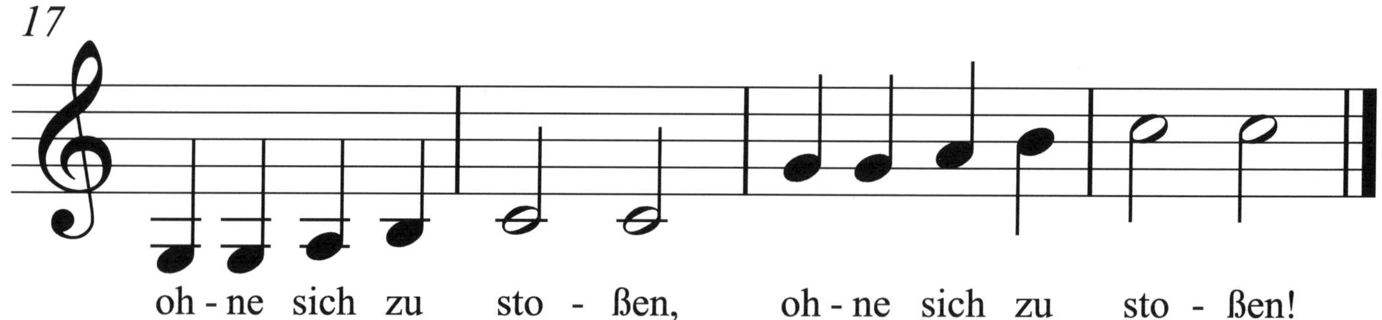

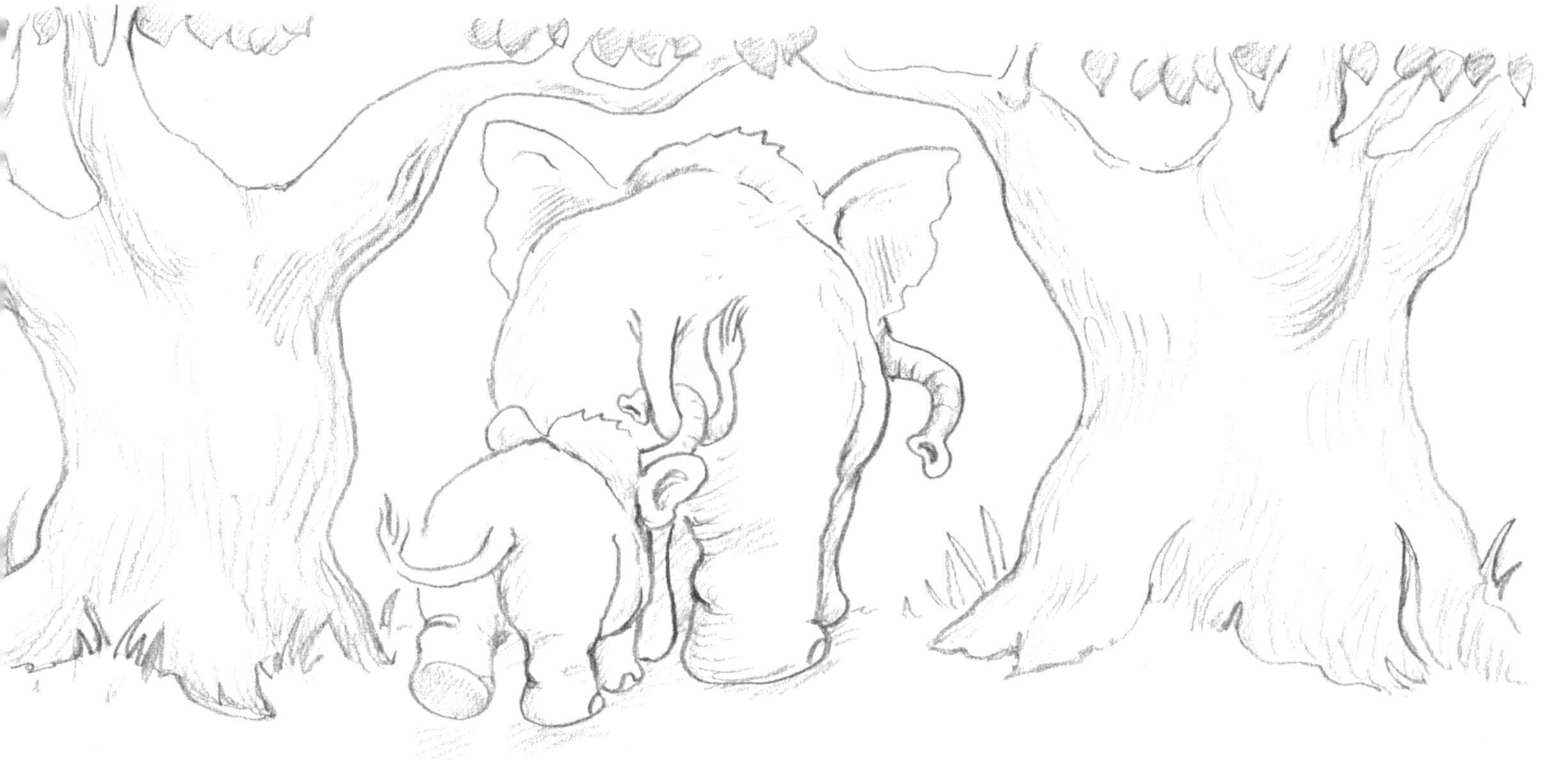

Begleitstimme (Violine 2)

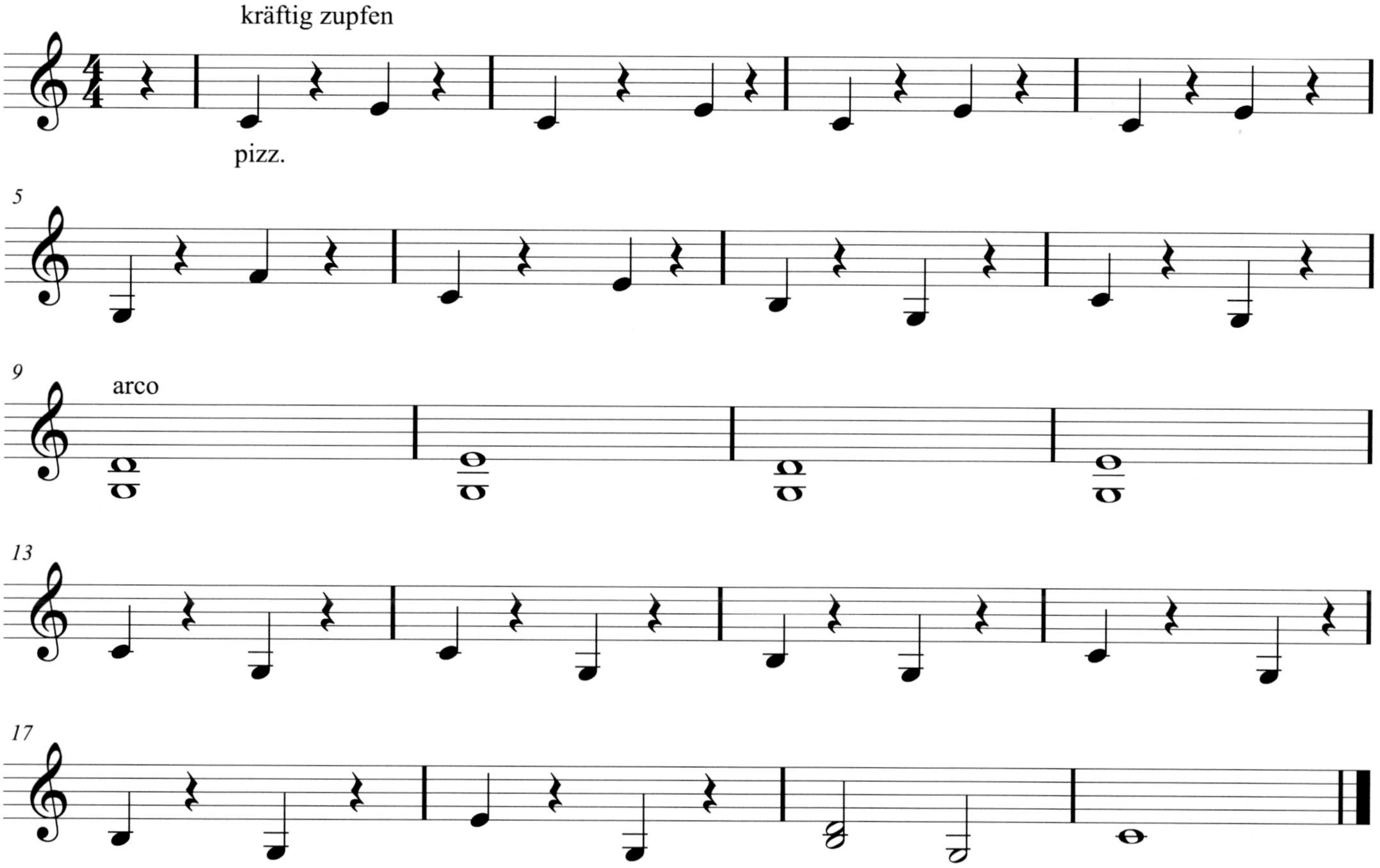

kräftig zupfen

pizz.

arco

Saitenspiele – Acoustic Music Books

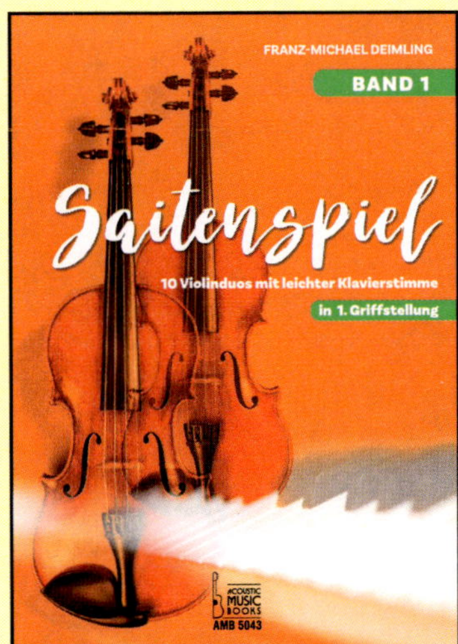

Franz Michael Deimling
Saitenspiel. Band 1
10 Violinduos mit leichter Klavierstimme. **Beide Violinen in 1. Griffstellung.**
Spielpartitur, 24 Seiten und Stimmen (Violine 1 und 2), je 8 Seiten
AMB 5043 - 11,90 €

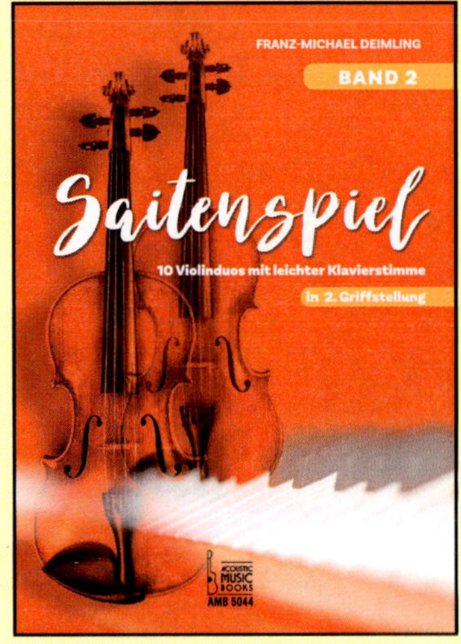

Franz Michael Deimling
Saitenspiel. Band 2
10 Violinduos mit leichter Klavierstimme. **Beide Violinen in 2. Griffstellung.**
Spielpartitur, 28 Seiten und Stimmen (Violine 1 und 2) je 8 Seiten
AMB 5045 - 11,90 €

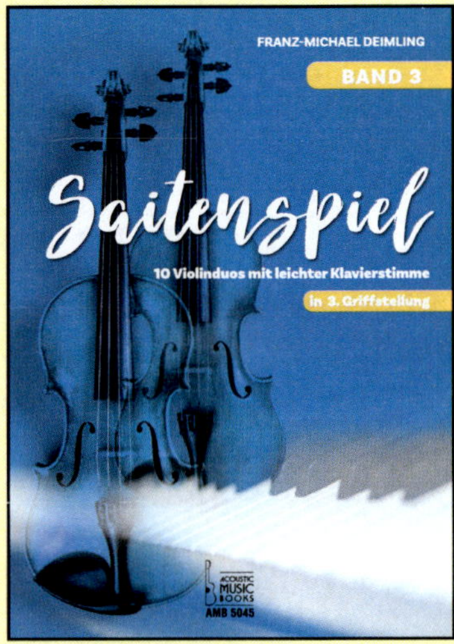

Franz Michael Deimling
Saitenspiel. Band 3
10 Violinduos mit leichter Klavierstimme. **Beide Violinen in 3. Griffstellung.**Spielpartitur, 28 Seiten und Stimmen (Violine 1 und 2) je 8 Seiten
AMB 5045 - 11,90 €

Die Reihe ***Saitenspiel*** ist eine Sammlung von insgesamt 70 Violinduos und -trios in erster Lage mit leichter Klavierbegleitung, die speziell für Anfänger von Franz-Michael Deimling komponiert wurden. Die Bände erarbeiten systematisch die unterschiedlichen Griffstellungen. Sie sind auch sehr gut chorisch für Streichervororchester einsetzbar. Jeder der acht Bände enthält 10 kleine Kompositionen. Die jeweils letzten beiden Stücke heben sich klanglich und spieltechnisch von den vorangehenden, leichteren Stücken ab.

Band 4: Violine 1 in 1. Griffstellung, Violine 2 in 2. Griffstellung
Band 5: Violine 1 in 2. Griffstellung, Violine 2 in 3. Griffstellung
Band 6: Violine 1 in 1. Griffstellung, Violine 2 in 3. Griffstellung
Band 7: Violine 1 in 1. Griffstellung, Violine 2 in 2. Griffstellung, Violine 3 in 3. Griffstellung

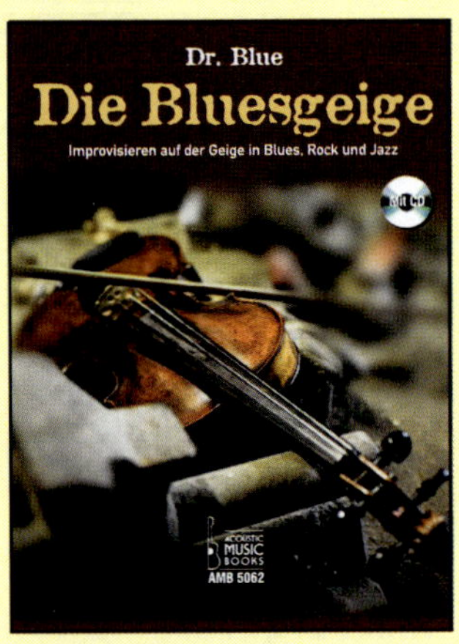

Dr. Blue
Die Bluesgeige
Improvisieren auf der Geige in Blues, Rock und Jazz
Noten, 56 Seiten, mit CD
AMB 5062 - 21,90 €

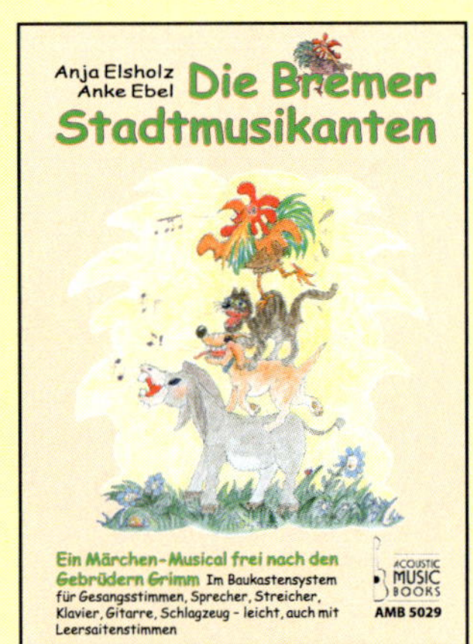

Anja Elsholz/Anke Ebel
Die Bremer Stadtmusikanten
Ein Märchen-Musical frei nach den Gebrüdern Grimm
Im Baukastensystem für Gesangsstimmen, Sprecher, Streicher, Klavier, Gitarre, Schlagzeug – leicht, auch mit Leersaitenstimmen.

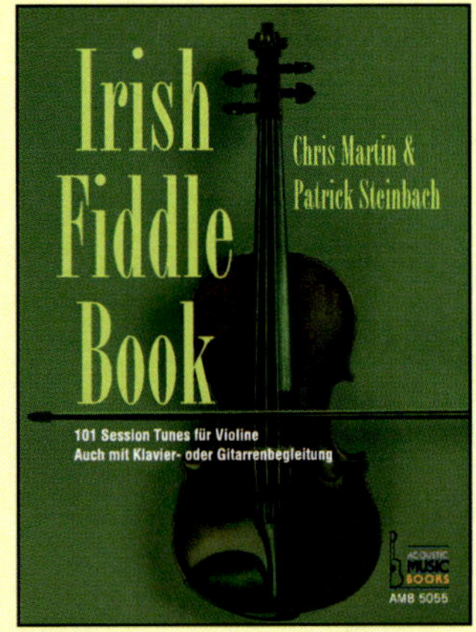

Chris Martin/Patrick Steinbach
Irish Fiddle Book
101 Session Tunes für Violine.
Auch mit Klavier- oder Gitarrenbegleitung.

AMB 5055 - 19,90 €

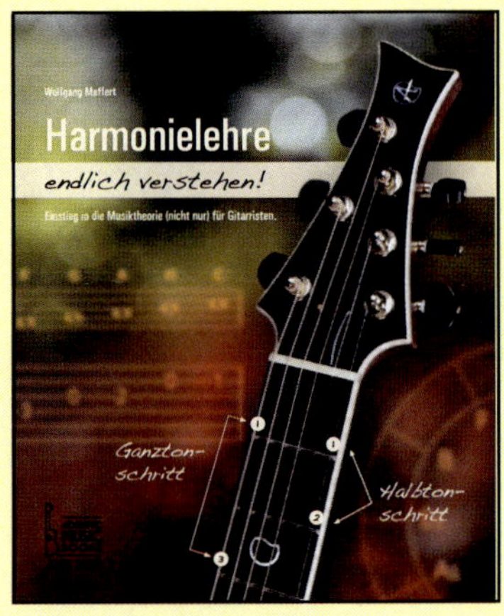

Wolfgang Meffert
Harmonielehre endlich verstehen!
Einstieg in die Musiktheorie (nicht nur) für Gitarristen.
Bestseller. Einfacher und verständlicher geht es nicht!
Sachbuch 168 Seiten
AMB 3096 - 24,90 €

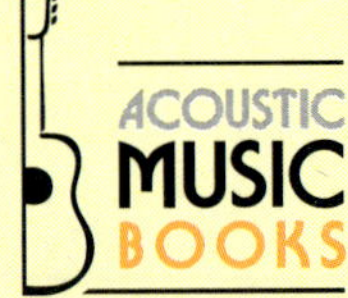